a bit o'
CUMBRIAN CRACK

Tales and Poems in the Dialects of Cumberland, Westmorland
and Lancashire North of the Sands

Chosen from the Journals of the Lakeland Dialect Society by its members

edited by

J. T. Relph

Cummerlan', Westmerlan', Furness Fells,
Ta ivvery heart 'at 'mang them dwells,
May purest joy be yours ta know,
An' health an' peace be wid ye aw.

LAKELAND DIALECT SOCIETY 1989

Printed and bound by Athenaeum Press Ltd, Newcastle upon Tyne.

PREFACE

It is fitting that this book should be published in the 50th year of our Society's existence and that it includes the work of at least three of our founders. Through the years there has been a steady flow of original dialect writing from our members and in selecting the material for this book, the compilers have tried to include examples from a variety of authors and on different subjects. All is taken from past copies of the Society's Journal. Although there is a large section labelled 'Humour', we have tried also to include a number of more serious pieces to show that our colourful 'make o' talk' can be used to good effect in many different ways. The old speech is still very much alive, though changes can be detected through the fifty years. Dialect can perhaps be used to the best advantage, not only when describing the customers and characters of the days 'lang sen', but also when the hardy fellsider is confronted with some 'new-fangled contrapshun'.

J. T. Relph (Editor)

Holly Cottage
Crosby Ravensworth
Penrith CA10 3JP

Thanks are due to members of the Society who submitted their selections for consideration; without their help, this book would never have gone to press. Our present Secretary, Irving Graham, writes ......

> "Nee doot sum fwok 'll be raither narkt cos sarten bits is nut in, but it wad a bin nar han' impossible ta cram them aw in, sea t' Committee, efter a gay bit a consitheren an' chowen things ower gay weel, hev hed ta scop a fair bit a good tackle oot. Even efter aw t' paper wark hed gone til t' printers, Ah can assure yeh aw that sum on us waz a bit dootful es ta whether we'd deun t' reet thing er nut."

To the best of our knowledge and belief, none of the material in this book is subject to copyright. At the same time, the Society's permission should first be obtained for any reproduction of text by way of trade. We hope that many of the articles will be used, and enjoyed, as Dialect Readings and that due credit will be afforded to the writers, and to the Society. Short extracts may also be used by way of illustration in works on the subject of Dialect.

ISBN 0 902401 07 6

Nan Dawson

1900 — 1987

to whose memory this book is dedicated by the Lakeland Dialect Society in grateful recollection of her 36 years as Secretary.

It had been her wish to produce an anthology of dialect prose and verse. After her death, the Committee agreed to go ahead and publish this book, as a mark of sincere appreciation of her long and devoted, often unseen, work for Cumbrian dialect.

HOO IT AW STARTED

By EVELYN METCALFE

Ah like t' tut language dosen't thoo?
It's varra hard teah beat,
'T was Norse Sea King whea browt it ower
When he landed wid his fleet.

Away back in t' fowth centuory
(Ert least that's what they say),
King Olaf browt t' Norwegians ower
An' settled doon this way.

It's thowt they went teah Ireland furst
Than on t' tert Isle ev Man,
In Iceland an' in t' Shetland Isles
They spread thersells amang.

Et Scotland teah they tuk a gliff
But in Cumbria settled thear,
Three coonties than were merged in yan—
It's happened recent here.

Queer words an' sayings they did bring,
But t' Saxons liked them aw,
A ladder noo wuz caud a ' stee,'
A gate a ' yat ' yer knaw.

Noo t' Celts hed towt t' sheep numerals
(Few shepherds coont that way),
Frae ' yan ' ' teah ' ' bumfit ' they cud coont
An' knew if yan did stray.

An' t' Norsemen followed up the trails,
'Cos they liked t' letter T,
In t' hoose, on t' fell, on t' brig, thoo knaws—
We git it yet yer see.

Ah like t' tut language dosen't thoo?
It's grand when we can meet
An' have a crack in t' oud tongue yet,
We think it soonds ' just reet.'

The Lakeland Dialect Society

(What is't? . . . . Ah'll tell the')

We're nut stuck up er prood i't mooth
Fer t' main on us was bred in't fells,
We're nobbut wiet, yammly, fwoak
Off t' seeam switch as yersels.

An' like yersels, we clag tight tull
O't bits o' country ways an' looar;
We like ta hod a crack aboot
T' auld dale-fwoak 'at hev gone afooar.

Of't rooads the' meead, an' t' wo's the' built
An' t' neames the' caw't ther' yams an' teuls,
An' t' sangs an' teals o't Shippard meets,
An' t' geames t' barnes laiked at t'sceuls.

Mi fadder, (an' nea doot he's reet),
sez t's main o't fell fwoak er o't seame
They "Hawk tagidder" on a drag
Till Foxy's brush is hung on t'beame.

He sez 'at t' interest (like t' auld Fox)
Is rousan' noo fer thee an' me,
Soo join, yersels, an git yer kin
Ta join oor own Society.

AT T' FELL BECKS

By J. C. ROBINSON

Lang afoare t' Fishery Boards an' the'r watchers boddert aboot laal lads, Harry Bateman fra Askham, Joiner and Reakke-makker, gi'es sum advice till a fowerteen-year auld lad fra Carlisle Grammar Scheul afoare the' ga fishin' up t' Fell Becks that runs inta Ullswatter. (Aboot 1909).

Up Askham Geaate ta Helton
Than ower ta Mossy Beck,
We'll ga if it's nut pelten
Sea heaste, gud Jossie mek!
Git t' fishin' rod (nea sinkers)
Sum gay breet brandlin wurms,
Them sooart some fooak caws " stinkers "
That in auld coo-claps squirms.

See that thi' clogs turns watter;
Rub in sum dubbin' weel;
What cleeas thoo hes wain't matter
But thoo mun hev a reel;
A canister fer t' brandlins
Wi plenty o' vent in t' lid
Sum nice laal heuks (nut hairpins)
Them's nobbut fer a kid!

Noo t' next thing is thy bait-tin
(A hung'ry spot is t' fell)
Sea set ta wark ta lait in
Duck eggs an' hen as we'el
Boil th'm gay hard—neea laakin—
Ecks Mudder noo ta fry
Twea collops o' fat baacin—
Git owt she hes forby.

A pint o' milk wi rum in
'll keep tha ga'an till neet,
Twea currant-squares 'll cum in
An' havver-breed's by-beat.
A bit o' cheese dun't gurn at,
Mebbe a treacle-scone,
Fell becks is t' pleeace ta larn at,
Nut t' pond that ducks swims on!

Noo, put thi' best leg forrat,
An' mak fer Mossy Beck;
A day like this is borrat,

Sea, haste gud Jossie mek!
Becks is gay full o' watter
Just reet fer runnin' worm
A bonny dark-broon culler—
An' t' troot's as firm as firm!

Noo when thoo gits ta t' fell-beck
Ther's ya gud fishin' reule—
Keep doon an' smaw thisel mek,
That laal black troot's nea feul!
Sneek up appon thi tip-toes,
Say nowt at aw, awer!
Treed sowan whiet! He knas
When summat fresh's astir.

Noo drop thi worm in t' watter,
As whiet as thoo can;
If ther's yan in thear, he'll At tha
Wi leetnin' stroke . . . . . . aye man!
An' **thoo** mun strike like leetnin'
(Thoo hesn't time ta geape!)
Fer under t' bank he'll tak tha!
Noo give him plenty reape!

A laal bit click 'll grass 'im
(Thoo mu'nt be ower brash,
An' varra easy loss 'im
Doon t' bank, bi bee-an rash)
Sea, larn ta tek it whiet,
Tho'll kna i' time, nea fear,
Ta let t' troot bring his awn end;
Nea need ta rive an' teer!

Dun't stop sea lang i' ya spot,
Flit on fra dub ta dub
Wi noo an' than a laal tot,
An' than a bite o' grub.
Ther's miles an' miles ta cover,
Nea time fer sittin' doon
An' watchen t' kestrel hover;
Thoo's far fra Askham Toon.

Fra Mossy Beck cross ower,
Ta t' top o' Barton Park
Fish doon (if thoo hes poo-er)
It's gitten on ta dark!
Thi drought at t' beckside slocken,
(I' runnin' watter mind)
Thi' knees 'll noo be knocken
Sea t' heame-trod thoo mun fin'd.

A DALESMAN'S VIEW.

By L. S. PORTER.

Ah've oalas leef't in Esh'tle, bwoarn an' brud at t' heid o't deeal,
Ah ken meast fwoak 'at clim' oor fells an' crags,
Sooa if ye're stirran' this way ye moant think 'at Ah's deead,
For Ah doot Ah'll hefta pack mi bits o' bags.
Ay! — Fooarced ta leeave t' auld yam-steead: ye med weel be tean
   aback,
Like Dan, mi dog, Ah mun a hed mi day,
Ney mair ye'll see meh on t' fells ta hod a crack ageean
Ney mair Ah'll gedder sheeap up Esh'tle way.

Fra Bo'f'll doon aside t' beck bi Butterilket farm,
Fra Raynuss reet tull t' Birks an' aw atween
Ah's telt the're gaan ta plant fir trees on ivvery inch o' grund,
Till Harter Fell an' Hardknott can't be sin.
On sum ruff brists i' Cummerlan' them trees med luik awreet,
Bit Esh'tle! Cush, ye fwoak ken weel ye're-sells:
Yance t' trees is clapped in ivvery-wher', ageean ther' gittan up
Ye looase aw't natteral ootline o' them fells.

Why mun the' plant oor valley heead 'at Esh'tle up wi' trees?
Why med the' bodder t' farmsteads 'at ur theer?
Ah dun't knaa 'at it's wark the'll gie tull 'em 'at hesn't nin
An' Ah dar back 'at on t' fells them trees wain't reear.
What's that? The'll mack oor watter pure? Oor watter's t' best i't
   warld!
Shelter for t' sheeap? A shelter the' waint neead,
Afoor them trees is hawf-growwn, that's if the're strang eneuf,
A gay few stock o' Herdwicks al be deead.

Ye fwoak let on 'at Esh'tle's grand, ye like ta cum an' bide
Ta rooam be t' becks an' ghylls, on t' moors an' fells:
Wey, why nut send sum brass an' than . . Wey, than, anudder eear
Cum an' enjoy that bit ye've seeaved ye're-sells?
An' mappen theer ye'll meet meh wi' auld Dan, roondan' up,
For mebby the'r'd be sheeap ta gedder than.
Fra theer, hey up on t' fell-top we'll luik doon t' len'th o' t' deeal,
Ye'll be set up, an' me, an' likely, Dan.

Heeronsues o' Widdup Woods

By JOHN DENWOOD, Junr.

Theer heeronsues in Widdup Woods
At fish in t' dubs o' Darran,
An' heeronsues fra Widdup Woods
Oft flee ta t' beck o' Marron,
An, udders 'at Ah'll tell ye on
Leeve lang an' thrive an' fatten
Nar Yankee toons up lang lagoons
In t' hants o' frog an' rattan.

HOO lang t' heeronsues ha' been in Widdup Woods Ah cannot say an' neahbody can tell ma. Oald Joe Dubwatter says they've allus been theer an' me greit Uncle Jwohn at wad a been abcun a hundret eear oald ta-day if he hed'nt a deid nar on thurty eear sen yance telt ma at they war theer when he was a lump ov a lad in his teens an' at he yusta gah wid udder lads in t' spring o' t' eear ta tak t' young uns when they war aboot fine fleeters. He hed his wits aboot am hed me oald Uncle an' he was yan o' t' best fisherman Natteralists at ivver tean t' trod be t' beckside. He knew a hawk fra a heeronsue an' could catch fish wid any heeronsue an' wid anybody. If Bobby Bank's wife was a top marketer an' knew hoo ta bring t' hopennies heam he was a top fisher an' kent hoo ta bring t' fish heam.

Ahwad say theer allus been heeronsues in an' aboot Widdup. lang a foor t' days when t' oald Vikings pusht ther bwoats ower t' sea up t' Solway ta settle in what they co'ed as they com alang Kamber-land or t' land o' crests an' ridges. Seen fra t' sea it is a land o' ridges an' its varra sartin 'at t' feurce oald Norsemen 'at gev us t' meast ov ooar fwok-neames an' pleace neames gev t' coonty t' neame it's kent be ta-day, Cummberland. It was nut known as Cumberland afooar they com pushen ther way be wyke an' syke fra t' seashore ta t' varra heart o' t' hills. Many a lang neckt heeronsue an' miredrum wad they flay away as they tean t' trod be t' beckside fra Darran-mooth up tull Bassenthet an' Widdup an' farder on. Widdup's a gay bonnie spot noo an' it mun ha' been as bonnie in t' days when thur oald sea-dogs chopt t' trees doon an' built ther timmer hooses in t' fell neuks, an' co'ed t' pleace Wythop or t' village in t' woods. We pronounce it Widdup noo an' mappen they did an' o'. Ah offen wonder if t' Viking lads yusta clim t' trees an' tak t' young heeronsues fra t' nests seame as lads deu noo an' efter carryan them tull they war tired mak them walk as oald Joe Dubwatter yance telt ma lads in his day dud. They wad varra likely spanghew frogs an' mak spew paddicks ov young miredrums be squirten watter inta ther throoples when they fund them in t' sykes. Lads wad be as full o' teulment in thur days as they ur noo.

T' miredrums or Bitterns ur meastly gone for its nobbot yance in a whup-while 'at yan ivver comes back tull t' hants ov its foorelders. Ooar Tom's dog catcht yan yah day in t' back end o' t' eear at t' mooth o' Kessick Lake. T' thing was hidlin mang t' seeves when t' dog yelpin an' growlen gat hod on't an hed it kilt afooar Tom could stopt. Ah've h'ard o' nin beean catcht sen but they're nut likely ta settle here agean anyway for va'nar aw t' sumps an' sykes they hantit ha' been draint an' dryt up. They mun ha' been fund at yah time in va nar ivverypart o' t' lake country an' ther memory still hods in t' pleace-neames o' some spots in an' aboot West Cumberland.

We're telt in t' Fauna o' Lakeland at Drumleaning means Drumble Heyning or t' Heyning or freed spring or frith whoar t' Mire Drums ur, an' at Drumbogh means t' Miredrum bog. If we tak t' configuration o' these pleaces inta coont an' t' boggy state they yusta be in lang sen ye'll see at these meanings ur gay nar reeght.

Anudder oald fellow co'ed Jwohn Leyland said 'at when Gwordie Neavill was meade Archbishop o' York in t' time o' King Edward t' fowt 'at fower hundred keukt heeronsues war putten on t' teable. An' when oald Tommy Sutton t' chap 'at startit t' Lunnon Charter Hoose died an' his consarns war beean settlet up in 1812 they hed seck a feed as nivver was for they browt on ta t' teable fworty steane o' beef, twenty fo'wer marra beans, thurty coo tongues, a lamb, fworty six geldit cocks, thurty two geese, sixteen pheasants, a dozen curlew kneaves, twenty-four rabbits, and hoaf a dozen lang neckt heeronsues. See a feed. Ah wad say a gey lock on them wad be rowlen on t' flooar efter that deu. Theer a picter here in t' Museum at Plymouth of see anudder set oot at t' oald Pilgrim Fadders an' a lot o' Indians yance hed. Ivverything was howe scrowe an' t' reid skins hedn't larnt ta use knives an' fworks an' dud'nt ken what chairs an' furms war for, for theer was mair o' them on t' flooar nor was up at t' teable.

Bit ta git back ta t' heeronsues o' Widdup. Macpherson in his Fauna o' Lakeland a heuk 'at aw fwok sud hev 'at's fwond o' t' wild things 'at hant t' fell tops an' t' deall boddoms an' t' becks an' tarns an' lakes 'at run throo or lig amang them, hes varra laal ta say aboot t' heeronsues o' Widdup an' nowt at aw boot t' nice laal heronry at Lorton Ho. If they war at Widdup when me greit Uncle was a lad they've been at Lorton as far back as Ah can think on an' theer nut a neuk or a creuk on that bonnie beck 'at runs doon t' deall but what Ah've seen heeronsues on at some time o' day or neet, an' many a time in t' noise an' thrang o' this big city Ah hev visions o' t' days 'at yusta be an' kingfishers flit glinten throo me brain, laal sandpipers or willy lilts teeteh an' whistle boot me ears an' many an oald grey feddert heeronsue on yah leg stans clear in me minds eye an' wid t' poyet Whittier. "Ah'll lay aside grave themes, an' idly turn aw t' leaves o' memory's sketchbeuk dreamen ower oald summer picters o' thur whyet fells an' human life as whyet at ther feet." Theer been a lot o' watter run throo t' deall many a pannier full o' grey an' seatroot been

catcht an' many a white heedit grey cwoatit oald rod fisher at Ah
yusta crack wid hes lowst his heuks, wund up his line tean doon
his rod an' trudgt heam throo t' wet gurse for t' last time sen
thur days. Ah sometimes think Ah'd like ta come back ta t' oald
spot an' t' oald fwok an' than Ah feel 'at t' oald spot 'ill be change
an' t' oald fwok gone an' Ah decide ta bide whoar Ah is. Bit t'
heeronsues still hant t' beck an' t' beck still runs doon t' deall an'
t' oald rod fishers sons an' their sons still whup t' beck, rake, an'
dub for ther panniers full.

From "Sproag's Fra Heam."

A MEMORY

By W. SANDERSON

Hev yeh ivver in yer scheul-lad days
    Set off fra Rogerscel,
An' tramp't wid hezzle rod an' heuks
    Teh t' lake ower Mozzer Fell,
An' stopp't teh watch men dippen sheep
    Aback o' t' roadside waw,
An' sniff't 'mang Mozzer's farmyard smells
    Sheep-dip, oot smellen aw?

Hev yeh ivver glimpse't Loweswatter Lake
    Frae t' fell-rwoad naar Askill,
An' stood an' gazed wid eyes aglow
    On moor an' lake an' hill,
While breezes waft t' laal linnet's sang,
    An' t' skylark moonts still higher,
An' t' varra air is incense-filled
    Frae whins wid bloom afire?

Hev yeh ivver watch't yer float bob doon
    Es hungert bass teuk hod,
An' thrilled teh t' tug ev yer furst fish
    Got wid a hezzle rod?
Than will yeh know just hoo Ah felt
    On that greet day ev days,
An' hoo Ah nivver can forgit
·   Loweswatter's tiny bays.

OOT IN T' OPPEN AIR.

IT'S grand ta be oot in t' oppen air
  Oor Lakelan' haunts amang,
Whoar t' countryside's chock full o' .charms
  Few udder spots can bang.
Fer oor Lakelan' air's a tonic rare
  'At maks a body thrive,
An' keeps yan weel an' prood ta feel
  It's gud ta be alive.

It's grand ta be oot in t' oppen air
  An at yan's leesure traik,
Ower craggy fell, an' ling-clad moor,
  Ta view beck, tarn, an' lake.
An' its grand ta clim up ferny ghylls—
  Hooivver brant be t' way—
Whoar watterfaws cum spootin' doon
  In shooers o' drippin' spray.

It's grand ta be oot in t' oppen air
  Ta lissen t' wild burds' lays,
As they flit aboot aw t' countryside
  Wid strange bit winsome ways.
An' its grand ta strowle amang t' wild flowers
  'At on ivveryside yan sees
An' sniff t' refreshing scent they fling
  On ivvery passing breeze.

It's grand ta be oot in t' oppen air
  Whoar nowder nwoise ner strife,
Ner cark, ner care, can ivver kest
  Dark shaddas ower yan's life .
Hemmed in by scenery sublime,
  'At nut a sowl finnds dree,
Leet-hearted yan can sproag aboot
  Contentit as can be!

It's grand ta be oot in t' oppen air
  An' meet wid Lakelan' fwoak,
'At speak t' oald twang we've kent seah lang
  In teall, sang, crack, an' jwoke.
They're prood 'at Lakelan' is their heame—
  Brag it's abeune compare,
An' at yan sees it at its best,
  When oot in t' oppen air!

                                    JOHN SEWELL.

Cleator Moor.

"Rovin days"
(lines written tull a toon body 'at 'ed nivver sid oor fells afooar)

Ga down be t' trod an' leet hebbem on t'lonnin'
Wher' yacks er i' leeaf an' cra'-feut growan' rank,
Folla yon car'-rooad ta wher' t' laal beck's runnan,
Wi' king-cups fay claggan' tull ayder brant bank.

But canny ower t' brig, for it's nobbut rough granite,
A slip or a slidder - - in' t' watter ye'll faa:
Gert steeans ligged across t' beck just mannish ta span it
Except when it's fresh't up i' winter wid snaa.

Slip t' heuk off t' yat, an' then mind ye sneck it,
T' rooads rayder rough - - ye med tack up be t' brist:
Curlews er co-an, an' sooa is t' laal tewit,
T' mavis's teutle wid nivver a rist.

Luiksta at t' whin bushes, bonnie an' yalla',
'Sista at t' brackin, t' laal nops currelt smaa',
Appen a burd nest i't auld tree 'at's holla
Er mappen in t' breesars top-side t' intack wo'.

Now ga reet on, wher' fancy med tak ye:
Aw t' moor's afooar ye an' t' sun's hey abeun:
Mac' t' best o' Cummerlan' "fells, trees an' watter"
As'll warn't ye'll mind on when ye're pent i't thrang toown.

" LAAL PRICKLY URCHIN.

Laal prickly urchin
Divvent be flate ;
Put doon thih brusseles
An' finish thih bait
If it's nobbut a akkern
Er beech-nut thoo's fun'—
Bet Ah've summat teh tell theh
When thoo hes deun.

T' Bworrodel rwoad
Is thrang thoo can see,
An' t'wurl thoo's exploren
Gahs faster than thee;
See Ah hope thoo won't min',
(Ah's deun't fer thih good)
If Ah just tak an' pop theh
In Castle Heed wood."

WILD RWOSES.

Hesta seen t'wild rwoses at dawnin'
When t'sky's but a fent purly gray?
The'r bloomin' doon Hodson's laal lonnin'
If 'appen thoo's passin' that way
An' t'blush of a bud just unfoldin'
Is catcht be' t'sun's furst gowlden ray
An' a burst o' scented splendur
Greets the cummen day.

Hesta seen t'wild roses at twileet
In the hush o' t' deein' day?
Each flooer stan's oot in t'dimness
Like stars frae t'milky way
An' mans sowl stirs widdin' him
At a seet sa passin' fair
As if aw natur's sweetness
Wur gangin' up in prayer.

Elizabeth M. Denwood

WIDDUP MILL (W. Cumberland Dialect)
By ERNEST R. DENWOOD

Ah've wandert North, Ah've wandert South,
Ah've wandert East an' West,
An Ah've seen lots ov bonny spots,
Bit t' spot 'at Ah like best
Stands be a brig across a beck
'At tummels doon a ghyll.
A laal bit village, white an' snug.
'At's known as Widdup Mill.

Thers lots ov spots 'at's better known.
An's famed in teal an' sang
'At fwok'll gah in croods ta see,
An' sweear nowt can bang.
Bit let them brag as hard's they like.
An' sing an' shoot ther fill.
Ah still uphod they can't compare
Wid bonny Widdup Mill.

Wat better on a mworn in Spring,
Ner sproagin' off up t' dell,
When t' thrush an' t' blackie sing ther sangs,
An' t' young lambs romp on t' fell;
Or happen t' grey gowk caws his neame
Fra sum lwone tree on t' hill,
An' t' gowlden kingcups glow be t' beck
'At runs past Widdup Mill.

Wat, lots ov fwok still brag ov t' toon,
Wid aw its glare an' nwoise,
Bit them 'at leeve in t' Lakeland fells
Ken mair an' sweeter joys.
Wat picters shewn in t' cinemas
Can give yan sek a thrill
As that yan sees fra t' breest o' t' fell
At t' back ov Widdup Mill ?

Thear music ov a sweeter kind
Ner owt Ah've hard in t' toon
In t' skylark's sang, as soarin' heigh,
He rains his glad nwotes doon;
Thers peace in t' croon ov t' cooin' doye
When aw things else ur still.
An t' white throat's sang fra t' worchet dyke
Soonds sweet at Widdup Mill.

Whey, nowt 'at's seen in foreign parts
Wid these things can compare.
An' t' farder 'at Ah roam fra heam
Ah luive them t' langer t' mair;
An' when t' last milestone cums in seet,
(As cum it mun an' will),
Ah whope ta rest in some lwone spot
Nut far fra Widdup Mill.

T' WOLF WHUSSEL

By MILDRED EDWARDS

T' waas peacfu' leyke i' t' shady wood 'beun Darrant-Watter
    seyde,
Ya daay seun on in t' spring teyme, bela' the beeches weyde.
Ah sat doon on a fa'en tree tired oot wid t' busy toon,
An' plëace was aw see cool-leyke, wid natur' aw aroon'.

T' cushats cuttery-coo'd abëün.   A Jinny hoolet stared.
Than aw t' wood seem't te waaken, wid t' song o' ivery burd,
A throssel sang his song see sweet, an' a blackie whussel't tëë,
Ne song leyke these in aw t' wurld,— ta my meyne, leyke that
    daay.

A leyle squirril keek't ahint a branch, a tëäd sat on a stëän';
A mowdy warp threu' up a heap, as Ah sat theer alëän,
Just than twee nwotes rang oot i' t' wood.   Whew; Hoo; sea clear
    an' strang.
Ah kent it fur t' wolf whussel, 'at yank gee eyes browt alang.

Ah lëük't aroon' — neabody theer, an' t' nwotes rang oot agëän,
Ah lëük't, gay clwose, frae wheer it cum, an' suer eneugh t' waas
    plëän,
A starlin', sitten theer — see trig — for'nenst ma varra e'e',
Was gi-en t' whussel theer, as plëän as it cud be.

Noo Ah've oft' heeard tell tha' copy owt annuder burd can sing.
But t' Wolf whussel — an' in a Keswick wood, taks a laal bit
    swallyin'.
Hoo-iver, theer it waas, an' Ah just thowt, a stëän thrown in
    t' lake,
Sen's ripples oot, till God kens-wheer, but this wussel tëük the
    cëäke.

Wheer t' starlin' larnt it—dear knaws, ee t' camp or mappen t'
    toon;
Wheer t' lad'll whussell efter lass, an' sumtymes get a froon.
Frae aw t' weay ower t' ocean weyde, browt' heer be t' U.S.A.,
An' sung be a burd in a laake-seyde wood, that leuvly April Daay.

T' AULD SLED

By J. T. RELPH

Ther'd be many a pikeful o' hay an' dry breckins,
'At was gedthert te t' fieldhoose an' shed,
An' hen hulls bin shiftit, an' sek like o' tekkins,
'At's bin carried on this poor auld sled.

Ther'd be ling-turves an' peats, fer a reet lowe i' winter,
There'd be t' woow, when they clippt bi t' fell waw;
There'd be pess-sticks, an' eldin', an' aw mak o' kelter—
This auld sled 'll hev carried them aw.

'T's bin med like a yatt, wid its bars soorta oppen,
Oot o' esh wood, 'at's springy an' strang;
But 't hed nee means whativver fer startin er stoppin—
Just laal Princess ta poow it alang.

T' sled runners er iyren, they're still smooth es owt,
Lang sen the' war shiny an' breet:
Yit they jist hoiyed it by when t' new tractor was bowt—
Doon in t' plantin' it ligged oot o' seet.

But yah time a gap rushed in t' waw o' this meada—
T' steeans war bad, an' nee time ta git mair—
Sea laal Tom laited t' sled—it jist happ't 'at he'd seed her—
Stood 't up here, like a hyurdle affair.

Vannar twenty year' noo, 'at Ah've gone by an' sin it,
But it hesn't mutch langa ta stay
'Cos it's nobbut shakk-rife, noo 'at t' rot's gitten in it.
They mun fettle the'r gap, reet away!

THE BOLD GENDARMES
(North Westmorland)
By Mrs. A. F. HUDDART

This is a teal me fadder used to like to tell. It was aboot his fadder see it mun be a hunderd an' thirty or mebbe a hundert an' fowty year sen it happened. A' them days there wasn't policemen as there is today, but sartin' fellers in ivery village hed to act as special constables, as we wad caw them.

Me granfadder, bein' a big, hefty feller, was yan o' these an' his friend, Tommy Lamb, was anuther, an' it was their job to see 'at law an' order was kept in Culgaith an' Temple Sowerby. They war given a pair o' handcuffs apiece. Whether they iver used them Ah wadn't like to say, me granfadder's was clotten aboot oor hoose when Ah was a la'al lass, an' me an' me brudders used to laik wid them. But Ah mun git on wid me teal!

Yah neet oor two constables decided to ga on their beat. They walked t' length o' Culgaith an' fand a varra quiet toon-geat, sae they thowt they mud as weel ga on to Sowerby an' see what things were like theer. Aw was just as quiet till they gat to t' "Black Swan," an' theer it was a different kettle o' fish. What a carry on there was inside! Fellers cud be hard shooten an' singen an' sweeren' an' fighten an' Ah dunt knaw what aw. Oor two guardians o' t' law thowt summat wad hev to be deun aboot things, sae efter a bit consultation it was decided 'at granfadder wad stop ootside o' t' dooer wid his big ash plant in his hand, an' Tommy Lamb wad ga inside an' drive oot t' warst o' t' offenders. Nea seuner said than deun; in marched Tommy, bold as brass. There was deid silence for a second or two after he went in, then pandemonium brok oot warse ner ivver. It was like a hoose o' Bedlam, an' varra seun a gert feller com belderen doon t' passage an' oot o' t' dooer.

But granfadder was riddy fer him, an' he laid aboot him as hard as he could wid his stick till t' peer feller shooted fer mercy. To granfadder's consternation, it was Tommy Lamb! "Is 't thee, Tommy?" he said, "Ah is sorry" . . . Nae doot oor two heroes decided 'at discretion was t' better part o' valour, an' wended their way heam, sadder but wiser men!

FLEEACKIN ET FLEEACKBORRA
(Dialect of Furness)

Ya day lang sen, mehbi nineteen fooarty oor fooarty-yan, Ah knaa 't wus in t' warr orly on an' t' missus (she wur nabbut a lass then) an' me wor hevin a hollada et Ravenstoon. T' noo village, Fleeackborra folk ca'd it, an' aad folk dew yut, es 't wus built in t' furst warr fer t' warkers on t' urship grund verra naar tull 'Umphra Heead.

Fra t' top o' t' 'ill at noo, village ye can seea fer mony a mile reet ower t' Blackpool Tower ya rooad an' Oostan, Bardsa, t' Forness Fells an' Cunistan Aad Man t' udder rooad, an' ower t' Ingleborra i' Yorksher an' a'.

T' Village Green is atop o' t' 'ill an' theear Ah spent mony a time laakin' futbaw, crickut, an' cattie, an' lang lowp an' o' maks o' gayahmes.   ...

T' Green wus a reet gud spot fer lads an' lasses an' Ah's reet sorry t' seea it gittin' built on. 'T is a terble sham.

T' gaa on aboot oor hollada at beginnin' o' t' warr, Ah'd bided i' these parts fer a reet lang while an' bin t' t' schule at Howker wi' t' fisher folk childer but Ah'd nivver bin oot fishin', sooa wi mad it up wi' yan o' t' fishermun t' gaa oot wi' t' horse an' cart tull t' nets on t' sands.

Sooa, lapp't in oor aad cleeas, wi start' oot fra Fleeackborra, gaain bi t' end o' t' looan ca'ed Winnder Looan es gaas tull t' noo village an' then bi hooses es folk Ah knaa lived in; thear wus aad Ted Shaa, an' Mister 'uddleston whee warked t' smiddy, an' lile Ned t' mowdi-ketcher an' by t' spot whar t' Butler lads wor, an' up t' 'ill past girt hoose whar aad Robert Cornthut ewsed t' bide, reet ower t' rooad fra t' Bowker hoose, and then ower top o' t' 'ill. 'T is rayder brant an' wi wor reet glad ta git tull t' top.

Yance ower t' broo wid sid San'gayat bi t' shooar, less ner a mile off, an' farder ower wi spotted Chapel Island an' Oostan wi t' Hooad Moniment. It wur o' doon banks t' San'gayat an' wi a' gat intul t' cart an' Darkie, a lile strang horse vanear twenty yeear aad, gat gaain' reet weeal !

Aboot mehbi theee hunnert yard afooar wi gat t' San'gayat on t' reet wus a looan t' Cark 'at lands oot aside o' t' Engine Inn. Caton Looan 't 's caa'd. 'Tis a reet grand walk, but nert es nice es wun Ah wer a lad an' Mister George Dicki'son fra t' Mount hed mony bonny horses — hunters thi wur — kept in t' meeadas alang t' looan.

Gaa'in on wi passed on t' left looan t' Ravenstoon an' Wilson ferm, then t' hoose on t' reet whar on t' wo' ewsed t' bi a nooatice sayin' es hoo t' Guide cud tak' ye ower t' sands t' Canal Foot at Oostan. Mony a body hes bin drooned i' aad times gaain' ower this rooad, es afooar t' railwa' wus med an' afooar t' rooad ower t' Howker Moss wus fettled intul a gud 'un, t' rooad ower t' sands hed mony folk gaain bi it eyder i' coaches or bi shank pony.

Heigh tides can cum reet up t' t' gayat o' that hoose. Wen t' wind gits behint tide.

Wi wur noo on t' shooar an' wi mad' oor way ower t' brig at t' cut an' then on t' t' sand an' away bi Rud 'ill.

Tide was on t' ebb; wi wur a' in t' cart an' t' horse wus wadin' i' watter up tull its belly band. Dick Dicki'sen, fer that wus neaam on oor frund, hed leyaded sum secks an' swills an' udder gear intul t' cart afooar wi start't, an' wus hooapin t' git a verra gud ketch.

We hed t' follah t' tide oot sooa es t' git tull t' nets wun thar wus still a lile sup o' watter on t' sand wun wi gat theear. Seea-mews ud hev a reet gud feeast if wi gat t' t' nets ower layat.

Sooa wi kept on gaain', leeast away t' nag did, watter still aboon Darkie knee.

Wi spotted Cannon Winder on t' left on us. A reet grand hoose. Ah can think on wun Ah wus nabbut a young 'un Ah went i'side an' seyah t' girt fire spot an' chimna.

Phillipsons er theear noo. Ah doant ken Michael, but Ah kent 'is fadder, Frank, an' t' Warriners wha farmed theear afooar.

T' hay in t' girt barn gat afire wun Warriners wur theear an' a terble commoshun it wus. Theear wus nabbut yan aad fire engine in t' village, an' 't wus pu'd wi a horse. 'T hed girt wood rods, lang-rooad on, yan eyder side an' twa' rahs o' fellahs gat hod o' t' rods an' pu'd up an' doon an' pumped watter.

Ther wus neea pond er owt like t' git a lock o' watter fra, an' sae villidge firemen gat t' sowkin' pipe int' t' lile dubs on t' shooar an' wen yan dub wus sowked oot t' pipe wus put intul annudder yan.

Enow aboot t' fire et Cannon Winder, wi wur gaain t' t' fishin' nets.

Darkie, wi his looad o' Dick, t' gud wife, an' me, went bi Cowpron Point, an' set oot ower t' bay fer wat seeamt fower er five mile, mehbi 't wus nabbut three er fower, Ah nivver will knaa. Wi hed oor backs t' Howker, wi Bardsa an' Baycla t' t' reet. A' aroond looked t' seeam, but Darkie kent rooad verra weeal, an'

noo an' agen Dick 'ud toak tul t' horse—" Nay, dash it a', Darkie,
thoo can dew better ner this," an' sooa wi' gat theear et last.

T' net wur set i' yan girt lang line across t' run o' t' tide, sooa
es tide watter gaain oot hed t' gaa throo' t' net, an' ony fish
swimmin' oot wi' t' tide gat kept.

Tide wus still gaain' oot, seea watter wus nabbut ankle-deep
noo, an' twa girt salmon fleppin' aboot on t' wrang side o' t' net
fer them, reet side fer us.

Dick let 'em lowp aboot fer a while, an' wi' o' set to t' gedder
up t' fleeacks es wur liggin' et t' boddom o' t' net. T' net ud be
mair ner a boke or ower fower hunnert yard lang an' aboot waist
heigh an' teed tull stayaks driven int' t' sand. Wi gat mony a
stayan o' fleeack, thraain' em inta swills an' teemin' frae't swills
intul t' secks, an' Dick an' me leeaded 'em.

Noo Dick wus a reet gud livin' chap, an' went t' t' chapel
ivverah Sundah, an' 'ee leeack't et salmon wrigglin' on t' sand an'
'ee sez, " Tell thee wat, Dixon, it sez nowt in t' Bible 'bout nert
tekkin' salmon fra Morecum Bay." Sooa wi gat hod on 'em, an'
reet bonny fish the' war an' a', an' wi put 'em int' boddom o' t'
cart, an' pu'd secks ower sooa neaboddy 'ud git a gliff on 'em.

T' tide hed left sands noo, an' wi set off back t' San'gayat wi
a gud ketch. T'was a grand eftaneean an' wi cud seea fer mony a
mile. Afooar us wus Howker an' behint Howker an' Keps-heead
thar wus girt hills—t' Aad Man, Wedderlam an' sic like. Ther wus
t' railwa' brig es sum folk ca' to Oostan Viaduct. A train yance gat
blaan reet ower on its side on t' brig in a girt storm—lucky fer t'
passenger folk es it dudn't tummel reet ower intul t' seea watter.

Bi t' side o' to channul on t' sands bi t' Viaduct er reet gud
pleeaces fer spottin' jammy-cranes, seea-pies, corlews, skellies,
twidlups an' o' maks o' udder watter bords.

Wi shanked beck t' San'gayat. Sands wor gittin' dree noo an'
it wur a reet nice walk. T' tidey-wave sand wur a lile bit hard on
t' feeat an' 't wus 'ard wark on t' caff sand, but maistly gud gaain'
i' udder parts. Dick feeat sooals wur hard like ledder, wi' gaain'
ivvery day.

Wi seean gat back t' Fleeackborra, an' efter thankin' Dick fer
shaain' us hoo t' fishin' job wus done, wi gat oorsells yam.

Dick hes bin deead a lang while noo, aye, an' aad Darkie an'
o'.

Ah'll ollus remember t' grand day wi hed wi 'em Fleeackin'
fra' Fleeackborra.

W.D.K.

GAEN BACK
by Jean Noice

We hed oorsells a trip tull Mard'le yisterdah; its bin on't'telly an' fwolk wuz aw talkin' aboot it, like, seah we thowt we'd gae. We heeard tell th't it wuz varra thrang et weekends... ivveryboddy wuz theear t'hev a leuk, an' th' wuz neah where t' put yer car like, seah we thowt we'd gae throo t'week an' git set off seun in't'mornin'.

Ah wanted t'gae back, as me fadder used t'tak me theear when ah wuz nobbut a larl lass, he kent a few fwolk oop theear an' we used t'gae sum times an hev oor tea et t'ould pub, t'ould Dun Bull. Yah dah he cum yam an' sed t'me mudder, 'Ah's gaen t'tak thee an' t'larl lass oop t'Mard'le eh Sundah, th've gitten t'dam deun an' it'll nut be lang afoor t'ould spot's neah mair'. Cum Sundah we set off - - - it seemed a gay lang trek in them dahs frae war we leeved a' Kessick an' ah dooant mind owt ev't'trip, but efter we'd hed oor tea et t'ould pub, me fadder tuk us beath t'see t'church thet wuzn't far frae t'pub if ah remember reet. Aw't windahs an't pews an ivvery thing hed bin teean oot - - - th'wuz nowt but t'ould wahs an't'reuf. Ah wuz nobbut a larl lass but ah mind weel me fadder takken m' be't'hand and tellin' m' t' hev a guid leuk es ah'd nivver see it ageean es aw't'watter wuz gaen t'cum oop ower it aw t'mak a reet big lyakk.

Ah remem'ed aw this when it wuz on't'telly, an me husband hed nivver seen it at aw - - - he's frae t' sooth an' th' dooant hev owt like that doon theear. Seah yisterdah mwornin we got oorsells oop a bit seuner, put sum stuff oop fer oor dinner an' set off. It wuz luvly gaen ower't t'ould Shap Rwooard, th's nut seah much traffic on it noo sen t'new motorway things bin mead. It wuz a guid run efter we'd gitten throo t'traffic jam a' Kendal; it wuz reet grand t'be oot on sec a mwornin'. We war seun gaen throo Shap an' doon t'rooard t'Bampton an Mard'le. Noo wid what fwolk hed sed we thowt it wad be reet thrang like, an we'd git in a reet mire wid cars cummin' an' gaen in aw directions but it wuz champion an we gat reet oop t'valley, an' stopped reet ower t'ould village, It wuz gae queer like leuken doon on't'spot, fwolk trammelin' aboot on't'ould tracks, and gaen ower t'ould brig th't didn't leuk seah bad efter sec a lang time under't'watter. We set off doon't'trod which wuz reet slape wid aw't fwolk gaen oop an doon, an fair burnt wid't'sun. Doon in't boddem aw't t'ould lanes war aw dry an' dusty like an' ah tried t'mind hoo it wuz when aw't hooses wuz theear, but ah gat reet maizled an ah hed thowt ah'd seun ev kent war ah wuz. Hooiver we manished t'fin oor way tull't'ould church an we hed a reet treat.

Th'wuz a few lads an lasses theear wid sum handbells. Ah dooant know war th'cum frae but by gawks th' cud play. Th' sed th' thowt it wad be a guid idea t'ring t'bells in't'ould church fer ould times seak; it hed bin a gay lang time sen th'd bin any bells rung theear an' it'd mappen be a gay lang time tull owt ev't t'swoart happened agean.

Ivverybody, ould fwolk, young fwolk an larl barrns alike sat aroond on't steans in't ruins, in't sunshine an' listened, wid aw't'fells geddered roond. Th' played varra quiet like an' aw wuz reet peaceful; it tyak mi mind back te when ah wez nobbut a laal lass, stannen in t'ould church wid mi fadder. It wuz summat we'll nut fergit fer a gae lang time. Ah fund what ah thowt wuz t'ould Dun Bull an yan er two hooses but ah wuz reet maizled, an' wuz varra sad when ah thowt ev't'ould spot es it hed bin. We aw traipsed aboot leuken at t'ouold steean wahs thet er still theear, then me husband an' me went doon tull't t'lake side an' sat an watched sum Canada Geese gitten summat t'eat, an' heared t'larl Herdwicks bleaten' on't'fells an' just leuked et it aw, it wuz seah bonny. Oor larl dog hed a reet guid time amang aw't'muck an' mire he wuz vaneer black when we gat heam seah we've hed t'git t'larl tin bath oot this mwornin' an wesh him off ootside t'back dooer. It wuz a luverly dah an' it's gi'en us summat t'remember t'next time we gae oop theear an fin't'watters covered it aw agean.

It's a gae guid job we went when we did, ah've nobbut just heared on't t'wireless thet th've closed rwooad.

GURDLE SCONS AN' TATIE POT

By MILDRED EDWARDS

Whan Geordie Bell wed Sar' Ann Todd 'at lived 'yont Uldal' Fell,
Tha' sattle't doon at Ratten Row, at t' farm he'd bowt his-sel';
Tha' war nobbut back frae t' honeymeun an' a leyle bit newdel't still,
War sitten' at thur' brekfast, an o' Poddish e't thur fill.

Sed Sar' Ann: " Noo, Geordie lad, thoo'll hev ta wurk gey haard,
Ta mak up teyme thoo's weasted, be t' leuk o' that back-yaard ".
" Ay," sed Geordie, thowtfu'-leyke, " Ah'll wurk aw reet — ne fear.
Ah's gan ta mak up t' wurk me lass, an' be streeght — leyke be t' new 'ear.

An' div'nt fergit, me bonny las, wat me mudder sed to thee,
Ah leyke a Tatie pot fur dinner, an Gurdle scon's fur tea."
Weel, Sar' Ann mead a tatie pot, that deay as iver waas,
Wid mutton chops an' onions, an' the taties—cut in hoves.

A black puddin' untill t' cworner, an' aw see neyce an' broon,
An' a neyce big beastin' puddin', the tatie pot ta croon.
Weel, Geordie di fuol justice ta bëäth tha dishes feyne,
An' let his belt oot efter — an' than just spok' his meyne.

" Tatie pot waas varra neyce," sed he, " but me mudder's waas different leyke,
Noo div'nt think Ah's finnen faut, an' git-thee-sel' on streyke."
Sar' Ann sed nowt, but seyded up, an' mëäd tha' scons fur tea,
She shept thum intil neyce leyle roons, as leet as fedders tee.

Wid curran' cëäke an' Gurdle scons, Geordie fairly did " reech till,"
Than sed, " T' scons was'nt leyke me mudder's, Noo Ah is'nt grummelin' still,"
Be noo ya can ' imagine ' Sar' Ann's feace! Geordie'd gan a lyle bit faar,
Till hur-sel sha sed afoor Ah sleep, till his mudder's Ah will ga!

See sha donn't hur cwoat an' happ't hur heid,
An' slamm't the do-er gey weel, an' mead fur' t' road to Rosla',
Till his mudder's an' tell't hur teal, " Loaven days, Sar' Ann,"
    sed mudder,
" Thoo puts in t' seam' stuff as me, but t' next teyme sleyce the
    taties—
An' as fur t' scons fur tea—

Just cut tha big three corner't yans, Ah's sarten as can be,
T' shep mak's aw tha odds, me lass, thoo'll varra leykly see.
Noo ga thee weays an' div'nt fret, just ye beyde-a-wee,
An' nivver let on ta Geordie lad, 'at Ah tell't tha wat ta dee."

See t' next teyme sha mead tatie pot, sha sleyced the taties smaa',
An' cut the scon's as mudder sed—three corner't—that waas aw;
Geordie hed his dinner, nowt waas sed, an' the sëäm' at tea.
Sha seyded by, an bëäth sat down, fur howf-an-hour—or see.

Geordie venter'd nee remark—just as quiet she,
Till aw of a sudden he mëäd a grab, an' teuk hur on his knee,
" T' waas aw just leyke me mudder's—tatie pot, an' scons an' aw,
Ah wad'nt swap tha fur the Queen," he whusper't soft an' lo'.

                                    HAROLD DEIGHTON

" NINETY-FIVE " (N. Westmorland Dialect)

" Its a wunder 'at enny was left alive
    an' nut frozzen-ta-deeth in ' Ninety Five.' "

So quoted Tim Hardstock, the Fellside Farmer, to his " new
lad," hired at Martinmas, and he continued:—

" Seeah, me lad, thoou thinks ' snaggan turmats " is 'ower cawld
a job fer winter' does ta?"—Ah dunt kno wat yeah young fellas er
cumman teeah these days;—if thou'd leev'd in Eighteen-Hundert an'
Ninety Five thou'd a hed summat ta pleen aboout.

Talk aboout t' " North Pawl! "—it wasn't in it....

It was that cawld that hunderts o' wild things com' doun fra t'
Fell, an' walk't aboout on t' villidge green, as tayam as cats an' hens.
Ther was o' maks o' berds, hares, rabbets an' seklike an' us lads use
to chess them aboout amang t' snaw.

We hed lots o' fun tryan ta finnd oout wat makkan o' strange.
beasts hed been prowlan roound et neet—be leeakan at t' feeat marks.

Ivveryboddy's feeases turnt as blew as wad, an' oald Mary
Croaker sed it was a sign 'at t' " Blews " wad git in at t' next election
fer parleyment. At neets fwooak hed ta weear mittins an' muffs an'
muffatees a' bed, an' sum slept wi ther clogs on.

O t' rooads was cuvvert wi " shot " ice, an' war grand fer shir-
ralan on. Seeah we gat oour clogs korkert at t' smiddy fer t' occashin
an' sum hed " spinnels " meead ta fix on t' clog swoals, bit them whea
hed skeeates com off best. It was t' grandest time fer lakein' at Ah
ivver kent—sumtimes hoaf a scoar on us wad sit dooun ahint yan
annudther—" hummlecums "—wi' yan ta push us an we'd ga shir-
ralan away on t' tarn er dooun t' brant hill like a gert lang railway
train. T' skeeal hed ta be shut, an' fer munths we poou'd oour sleds
up ta t' tarn, skatit and sledded dooun again. O' t' hosses hed ta be
tayan ta t' smiddy ta hev ther shoes sharpt an' oad Bob Makion, t'
blacksmith, was kept gay thrang fittan up o' t' lads, lasses an' hosses fer
t' " Ice Age " ov '95.

Ya dark neet Dick Swingletrees, fra " Fell Beck " Farm, hed ta
fetch a new-brokkan " fell stag " dooun ta t' smiddy ta be sharpt.
Ridean was oout o' t' questin seeah Dick hed ta crowl alang in t'
gutthers leadan t' nag be t' hellter. It was a gay kittle beast, an' oad
Bob an' Frank, t' striker, hed ther wark cut oout ta deeah t' job, bit
at last they gat finnisht, an' Dick gat riddy ta ride back up t' Fell. Be
this time, ther was t' usual neet crooud o' chaps gedther tagidther fer
a warmup at t' smiddy fire, an' they o' turnt oout ta see Dick set off.
He led t' hoss fer a yard er tweeah, an' than it gat flayt cos it couldn't
git its feet flat on t' grund, Ah suppowse it thowt it was woakan on
nowt, anyway, hoafway up t' smiddy hill t' stag 'teeak t' stek' an'
wadn't stir an inch. Bob, Frank an' t'udther lot pooued an' shuvved,
Dick' sweeared like a wagginer an' brayed t' nag wid his esh stick, bit
it was neeah use, t' hoss just layed his lugs back, rowled his eyeballs
whel they war o' flayt ta deeah owt mair fer t' time bein'. Just than
wheeah sud cum up bit laal Gwordie Bantie, t' leed miner, fra " Silver
Band " Mine. Gwordie was nobbut t' heet o' six pennorth o' copper,
bit he hed a big heed, full o' queer ideas, like Napawleon.

" What's up?" sez Gwordie. " Thou gert feeal," sez Bob, "can't ta see it winnat gah?" "Aye, an Ah'll back thee 'a hundert pund till a pinch o' snuff' thoo can't makk't gah owther—its beetan t' hyal lot on us."

" Fetch us that last week's Peerith Paper, Frank," sez laal Gwordie—its int' winda boddam." Seah Frank went an' fetcht it. Gwordie oppen't oout t' paper an' fowlded it langways, than he stak yah end on't undther t' hoss's 'tail, an' t' nag nippt it tight, Gwordie strayak a match ower his brutches an' set t' boddam o' t' paper afire. By Gox! Thoo sud just ha seen that nag skift! It shot off ower t' top o' t' smiddy hill in a shoower o' sparks like " Halley's Commet!" We cud hear it gaahn faster an' faster fer aboout tweeah minnits—than nowt mair—nobbut a waft o' brumston an' t' soound o' Dick Swingletree cussan, crammalan an' crakkan through t' ice int' gutthers, slippan aboout an' makkan his way back ta " Fell Beck " as best he cud.

"An' thoo thinks its cawld fer thi feet, dust ta?"

"Ah's tellan tha, thoo knows nowt, me lad!" Does ta mind that varra thin oald chap wi t' lang beard at deed last week? His neeame was Kit Corney, bit he was allus known roound here es' " cawld fit Kit "—an' wi sum reason an o. Yan meeanleet neet in " Ninety Five " Kit was makkan his way ta t' pub wen he just stoppt a minnit ta leet his pipe, an' his feet freeaz til t' grund. Theer he hed ta bide fer tweeah hoors till fower fellahs com on t' scene. They try't ta git Kit lowse an' pooud o his gallas buttons off, bit it was neeah use. Than yan o' t' chaps ran till t' grosser's an bowt a " threehawpenny " block o' sawt. They cut away at t' block, an' strinklet it aroound Kit's feet, bit as t' ice meltit it freeaz up again. Frank Prank was yan o' t' fower chaps an he gat an " idea "—he just sed, " Hod on a minnit lads," an' went back ta t' smiddy an' gat his sled hammer. Wen he gat back ta Kit an t' other three, he gev Kit a helluva bash wid t' hammer on t' teeas ov his duck-nebbed clogs, an' clean knockt t' feet fra undther him, er he might ha been theer yit—that's hoou he com ta be nickneeamed " cawld fit Kit."

Ivverytime we went ooutside oour mudthers pooud oour "Tommy Shanters " reet dooun ower oour lugs, fa fear we'd git lug wark, an' t' lasses uset ta weear thick stockin's ower t' top o' their Sunday shun.

T' oald men's beards war hingan wi ice shokkels, an' sum o them war bodthert wi laal shokkels on t' end o' ther snowts. T' only spot whor they cud git properly " thow'd oout " was " T' Fox An' Hoounds," an' t' Landlord seeaved menny a man's life wi het " un-

tayn-dooun " rum that winter. Laal Will Springer, t' wagginer, was
yan at hed ta hev his " life seeaved " ivvery Setterda neet. Will was
nobbut a laal un; he hed lang black hair, was as hard as an otter, an
lish as a cat, an' his "special line" was "loupan backwards,"—and cud
loup lebben foot back. Aye, noow Ah mind on't, he was yance put in
jail fer loupan backwards at Kayrell, just ooutside t' Railway Stashin,
Him an' his jumpin' pal, Jack Eelas, hed 'hed yan or tweeah' on t'
way ta Kayrell, an' t' " exhibition " they war geean stoppt o' t'
traffic beyath in an oout o' t' Stashin. Seeah, they war beeath put in
" kitty," an' t' " Bobbies " teeuk them back an' push't them intilt last
train hyam.

Wya, Yah Setterda neet Will was gaahn hyam efther hevan hed
his " life seeaved " at " T' Fox " an' as he felt in good " loupan fettle "
he thowt he'd loup backwerds ower t' hard-frozzen roowad, bit asteed
o' brekkan t' record fer a " loup back " he slippt an' landit crack on
his heed int' gutther on t'udther side o' t' roowad, an' theer he was
fund fast asleep " leeat on " be Kris Watterson, t' heed man ov t' Band
o' Hoowap. Will's hair was frozzen ta t' grund an' Kris hed ta borrah
a mattick an' chop o' t' ice away fra roound Will's heed. Wen he gat
him lowse, Kris tell't Will planely at he owt ta " sign t' pledge."

" Yer reet Kris," sez Will, "Ah'd ha been frozzen deed sewer
eneeaf—if it heddent ha bin fer t' laal sup o' drink Ah hed in mah."

Cawld! Ther wasn't a drop o' warter—we hed ta boil t' ice, an'
neeahboddy weshed thersels fer weeks.

Me Uncle Annan tell't us hoou he'd bin diggan sum yows oout
ov a snawdrift aback o' t' Fell waw an' his fower fell nags follow't
ahint an' gallopt away reet up on ta t' Fell top, an' as they "breeathed
oout," t' frost up theer was seeah bad at it freeaz ther breths an' gert
chunks ov ice com trunnalan doount t' Fellside ta whor he was at wark
amang t' sheep.

" It cuddn't ha been warse ner 1947?"

" Thoo duzen say! Let me tell thee, " 1947 " was nobbut like
' haytime ' compare't wi ' Ninety Five,'—what, at ' milkin' time,' t'
milk freeaz as seean es it touch't t' pail boddam, an' wen we sell't a
quart o' milk, we hed ta brek it up into laal bits wid a hammer, just
like brekkan taffy. Nineteen Fotty Sebben! dud ta ivver hear o'
ennyboddy beein' fund frozzen ta t' grund in ' Fotty Sebben?'."

" Seeah, noow thou knows,—git on wi thi ' snaggin ' me lad, an'
if thou warks hard eneeuf it'll mebby warm tha up a bit."

LANG SEN
by Evelyn Metcalfe

Where hev t'lang het Summers gone when we played Hop Scotch
In bare feet, climmed sycamores, ran wi' booliz doon t'whyat street,
Bowt licorush fo' a pennythear at' cworner shop;
Cum yam an played wid skippin rwope an top.

Where a' t' simpel joys 'at yance we nu,
Laitin fo' strawberries on't bank side growing wild;
Runnin t' beck yan cud hardly bide fo't heat,
Hev a picnic, o' gather campions an' meadow sweet.

Where hev t'lang het Summers gone, can thoo mind we laiked at Tiggy,
Lowped thro' fields o' daises, hed rides in t'auld 'Tin Lizzie'
Drank hyam mead lemonade o' Spanish watter,
Than ligged away on't green deein nowt but chatter.

Noo we er bairns neah langer, best o't' Summers spent,
Happen noo we'r wiser but a less content.

LIBBY WATSON'S FUNERAL
By MILDRED EDWARDS

Scene: A farmhouse among the Fells.
Time: Sixty years ago and more.

"Noo, John" (says Betsy Todd, coming to the back door·of the farmhouse, John being in the yard), "if thoo's gan til the funeral thoo'd best shift thee shanks a laal bit fer tha lift at tw an' t' old clock es just struk neyne see its boon to be haf pa twelve or see, an' thoo knaws it's abuv eight meyle to gan.

"Gie t' mere a good groom noo, John, and polish 'er he-uffs weel, an' see thoo sheyns up t' trap an' aw, an' keep thee-sel upseydes wid udder fwok, fur there'll be a gey lot at funeral, fer Libby was weel knawn fer meyles aroon, many a bair-un she's fetched inta t' world, ay an' carried many a yan to t' church an' stud God-mudder for't an' aw. Ah kna she fetched aw oors inta t' world an' pot thur furst claes on, Ay, an' she's oor laal Libby Ann's God-mudder in t' bargain.

" She'd nee bair-uns of hur own, but Ah wad seay she waas a mudder ta many a dozen, an' if ther was yan boorn on t' wrang seyde o' t² blanket, 't med ne matter ta Libby, she'd dee aw ther waas ta dee, an' then she'd rowl it in her shawl an' carry it ta t' church an' stan' fer it just t' seame. Ay, lad, ther's many a yan'll meyne on wat Libby did for them this deay.

"Noo, John, div'nt stan' theer grinnen fra lug ta laggin' or we'll nivir be theer in teyme. Ah've gitten thee black swally-teled cwoat doon in front o' t' fire, an' t' boiler hat wed funeral ban' roon, an' git thee-sel a dwoze o' thee mudder's cough bottle afoor thou gaas for thoo's coughen leyke an' ole yow on turnups.

" Loaven days, sec a clashy back en, Ah'll nivir git startid, fur if it's nut ya thing it's anudder, theers teay ta leave fur Fadder an' t² bair-uns, an' hens ta feed, an' dinner dishes ta wesh up. Ah've bin thrang aw t' mornin' an' Ah's fair fashed."

(In time John calls he's ready and Betsy climbs up into the trap and goes on): " Cum on then, John, if thoo's gat t' mere yoked up reet we'll be off." (T' mere rattle's off at a good pace).

" Noo, John," says Betsy, " div'nt fergit ta ease up t' mere for yon brow, Ah's allus narvus on yon bit road, fur tha's bin many a trap cowped at t' boddom o' yon bank, noo watch oot, John, it's nobbut roon this ben' in t' road—Ah've fair gitten palpitashin." (John eases t' mere and they get safely to the bottom of the hill). " Ah, weel," says Betsy, " Ah's glad we've gittin that ower, anudder meyle or see an' we'll be at Libby's pleace."

" Ah'll warrant aw t' relations'll be theer in full fworce, ay, doon tilt fowerty secind cusins, fer Libby'll be wurth a laal bit, an' thoo knaws what relation's are, sum o' them. Here we are any-way.

" Ha, Ha, what did Ah tell tha, John, ther eer aw reet—full strength. Thers that lot fra t' cross-roads, they'd gan anywhere if tha thowt ther waas muny in't—noses leyke ferrets fer muny, if t' was fowerty meyle over t' fell an' there waas muny in't, you wad'nt see ther backs fer stoor—but thers nowt fer them—Ah dee knaw. An' thers that uther lot fra t' mill, loavin' days, John, just leuk at yon fedder in t' dowter's hat, 't's a yard lang if'ts an inch. She's nobbut bin gan to Carel a munth or see—ta larn t' millenery —if ya please, Ah must say sha's lost ne teyme gitten amang t' fedders, an' they git nowt owder, fer Libby waas fair set agen t' millenery carry-on, Ah knaw.

" Cum on, noo, John, gid doon, we'll hev to gan na hev a leuk at t' corpse, sha's a gran' corpse an' aw, for Ah leid hur oot, an' yan wad'nt think sha was neynty eer ole, an' lish as a two yer ole nut see lan sin." (They go up and on coming down again Betsy says):

"Hurry up noo, John, an' get trap in leyne ahint uthers, for thers twenty odd, if thers yan, thur liften noo an' t' heerse is awa'. Peer ole Libby, sha's bin a gran' body in hur teyme, Ah've heerd Mudder say in hur yung deays Libby was a gran' player o' t' melodeon. On many a neet, wen t' moon waas full, Libby wad sit an' pleay at t' lonnin'-en, wheyle all t' hired lasses an' lads fur meyles aroon wad cum an' dance. Mudder said t' sparks use ta flee off t' clog cokers wen tha did t' lancers an' t' hooligins, Aye, Ah've heerd mudder seay t' was theer Fadder an' hur furst met. He'd gien hur a kiss an' a laal bit squeeze, an' sha clattert his chafts fer him—in fun, tha gaes widout sayen. Oh by goy, Ah've bin ramlen on, an' here we are at t' church, theers t' ole Vicar, bless um, he'll miss Libby; manys the teyme he ca'd an' hed a cup o' teay wid hur an' a bit crack. Loaven deays, its gey clarty doon here." (They follow into church and then afterwards leave the graveside).

"Weel, that's anudder thing ower, John, noo Ah expect we'll nut be lang gitten back, Ah must say Ah's hungery, an' riddy for me teay. If thers yan thing Ah dee enjoy it's a gud funerel teay. Thur's a terrible lot o' fwoak here, varra nigh a hunner Ah wad seay. Ah expect teay'll be laid in t' barn. Ow aye, here we are, an' it is. Cum on, John, let's git sid doon—What a spreed! Ah know thers bin three 'ams spok for for some teyme, an' fower tungs an' a big roon o' beef fra Wigton, an' any amount o' broon breed an' scons an' cakes o' iviry discripshin. Ah'll reach till aw reet, for Ah's fair starven; cum on noo, John, git a start. (They do full justice to tea and get up to leave).

"Weel," says Betsy, "that waas a gran' teay an' nee mistak, noo we'll be gitten yam, John, if we can git oot for t'crush waiten for t' secind sitten—push on lad an' get t' mere roon." (John gets out and brings trap round).

"Aye," says Betsy, climbing in the trap, "Ah heerd hur wid t' fedder sayen she'd hed a ' spiffin tea ', what ivir sha ment, it's aw sha will git, Ah knaw. Aye, aye, Johny lad, there's a gey lot'll remember Libby Watson's Funeral."

T' SHACKLES

By Willy Carrick

Tudder neet, fadder waas readin' t' Cummerlan' News, wen aw av a sudden he push't his specs up onta his broo an' ses:

"Cush, bit that's cappin cut-lugs, efter aw these 'eers. Av been readin' aboot them pooin' doon t' ole fire engine station, an' wat waas leatly t' library in t' Oald Lonnin at Wigton."

Wid that he pops his specs ontil his nowse agean, an' reads oot aboot finnen a pair av shackles, ur leg-irons, beneath t' sleats av t' oald factory.

Nex weekend paper hed a fotygraf av t' shackles, an' wen fadder seen t' picter in t' Cummerlan' News, he sed ta mudder, oor Annie, an' me: "Ah better tell ya t' teal, hes me fadder yence telt me, an' his fadder hed telt him, hevvin hard it frae his fadder, that's mea greet gran'fadder", an' t' teal waas this:

In t' early eighteenth century thur waas a lad cawt Clem Mossop, leavt wid his fadder an' mudder et Sooth End, Wigton. He waas a gud lukken lad, neacely meade, but nut seah tall, aboot sixteen at teame av mea teal.

Ya neet atween Martinmas an' Crissmas, alang wid two udder yung fellas, oalder than Clem, t' three went poachin' oot Crofton hand.

They gat a few fessants, an' a hare, mannisht ta dodge enny mantraps, ur spring guns in t' woods, an' hed gitten neacely oot on-ta t' rwode near Woodcock Hill, wen thur luck ran oot, cos they war suddenly confrontit wid two av t' gemkeepers frae Crofton Haa.

T' keepers grabb't yung Clem, an' he waasent strang eneuf ta battle wid twea growen men. Tudder two gat away, leavin' t' bag wid t' hare an' t' fessants liggen on t' rwode.

Yung Mossop waas chargt' afoor t' Justices et Wigton nex' day. He waddent say we t' two udders war, in spite av mutch coaxin' an' then threats. Seah he waas remandit tul t' followin' day, an' clapp't back intul "t' Jug," ta ceul his courage.

Noo t' Jug waas t' neame for t' oald lockup, beside t' poor-hoose in Ludgate Lane, es t' oald lonnin waas neamed (it's been Station Rwode a lang teame sen then) in them days. It waas a deepish stean built cell, wid flat thick flags on't top. T' prissener waas dropt throo a woll on t' reuf, then a girt stean waas rowlt ower t' oppenin', Weivver waas inseade waas left in t' dark, neah chance av gitten oot, cos it tuck two yebble men ta lift t' stean off t' oppenin', an' forbye he waas shacklet wid a pair av leg-irons, lock't aroon his ankles.

T' law waas harsh then, an' it ment yung Clem wad be committ't tul t' Assizes et Carel, an' meast leakely wad be trans-pwort't ta Botany Bay.

His fadder an' mudder war in a sad way, for Clem hed nivver been in enny bodder afoor, waas queyet, an' a bit av a scholard.

Bit he hed an uncle in a gud job hes a maister weaver at Isaac Pattinson's warehoose an' weavin' shops et top ev Ludgate Lane.

T' neet yung Clem hed been "jugged" on remand, his Uncle Ned went up frae Market Hill, for he leavt et Cuddy Garth theer, ta Sooth End, ta see John Mossop an' Mary, Clem's fadder an' mudder. Efter a bit av gey serious toak Ned sed, "Jwhoney, we'll hev ta git that bwoy oot av t' Jug, ur thoo knaws wat it ull be, they'll transpwort him ess suer ess eggs iss eggs, specially wen t' fessants belangt Sir Wasdale Brisco, hed it been Sir John, he wad just ev laft aboot it."

" Ay, ay, ah knaw," sez John, shakken his heid, "bit hoo can ennyboddy git him oot?"

"Ah hev an idea," sez Ned, "if thoo'l help, an' abeune aw, keep thee tongue atween thee teeth." An' this is wat they did.

Seune on' nex' mwornin', aroon three o'clock wen t' watch-man waas on yen av his roons in Wigton, Ned an' John Mossop moonts on tul t' Jug, lifts t' stean bye, whispers ta Clem ta git hod av t' reap they let doon an' seune hed t' lad oot-seade asteed av inseade.

Varra queyet, an' be gud luck t' mwornin' waas dark an' dry, t' stean waas put back, t' reape re-fassent aroon John's weast, an' then thur waas t' leg-irons ta contend wid.

Clem, peear lad, waas cryin' an' sobbin', wen his Uncle Ned sez: "Sit doon a minit son, an' stop cryin'; sit thee ways doon, an' pull thee shoes off."

Ivverybody wore shoes an' knee-britches in them days. In less teame than it teks ta tell, Clem hed his left shoe off.

"Noo see if thoo can slip thee fit oot ev t' iron," sez Ned, "thoo hessant varra big feet, an' thoos sma' ankel't; try thee best, an' mek sharp."

Ta his amazement an' tul his fadder's an' uncle's deleet, Clem slipt oot ev t' leg-irons ess easy-ozzey ess suppin' yel. T' reet shoe waas seune off an' tudder leg free. Ned geddert t' leg-irons up an' popp't them intul a bag he hed, wid a sigh av relief.

"Thats champion," he whispered, "ah waas boddert we mite hev ta use a file."

Clem waas inta his shoes gey smart, wen Ned whispers: "Noo we hev t' watchman ta bamboozle. This way, an' nea toakin'"

They slipt away be t' Wiza beck tul below Wigton Haa, then alang t' rwode past Swine Yet. Comin' ta where t' rwode forks reet for Allonby, left for 'Speatry, Ned sez: "Noo, Clem, here's ten guineas, git tul 'Speatry ess fast ess thee legs ull carry tha, abeune aw let neaboddy see tha, an' ga tul thee Aunt Nanny, an' she'll git tha away, ah'll warrant. Thoo is a favorit wid hur, seein' she hes neah bairns av hur oan. Say gudbye tul thee fadder, an' God Bless tha."

Thur waas a tearful partin' ess t' lad left his fadder an' t' uncle, bit Clem waas lucky, an' gat tul his Aunt Nanny's just hes she hed lit t' fire, ta mek t' brekkfaast. An' nut a sowl hed he met ur seen.

Be teame t' Jovial Sailor stage cwoach hed stopt et 'Speatry that seame mwornin', thur waas a smart yung lass carryin' a ledder bag, aw on hur oan, bwoarded t' cwoach, hevvin' paid t' fare tul Whitehevven. Thur waas a yung fella tuk a fancy tul t' lass, an' ask't a few questions, bit gitten nowt bit varra showrt answers seun dry't up. Awivver, he helpt hur doon frae t' cwoach et

Whitehevven, an' ask't cud he carry hur bag, bit she blush't an' sed: "No, she heddent far ta ga, an' hur Mudder wad fratch if she saw hur wid a man."

Ya will hev gessed be noo, that t' smart lass waas Clem Mossop. Hevven tealt his teale tul his Uncle an' Aunt, reet away they sed they wad help him. His uncle waas a sea captain an' he waas gan ta sail tul Liverpool that neet. He cut Clem's hair, then rigg't him up in sum kest-off cleas, seah he cud pass him off ess a cabin bwoy on t' ship which happent ta hev t' neame av "Venture."

Agean ivvery thing went off awreet; t' ship's captain went off ashore, t' neet they berthed at Liverpool, an' aboot an hoor leater t' new ships lad vanisht clean an' clivver. Nea doot t' captain rallied aboot this, aw ta cover hissel, bit thur waas neaboddy ta be enny wiser. Thur waas few questions ask't in them days, an' a lad missin' nowt ta bodder aboot.

Nex' day Clem Mossop listit in yan av t' fit regiments, under annudder neame. Peaar lad, he nivver saw his fwoke agean, cos he waas in t' Peninsula War under Wellington, an' went throo Waterloo widoot a scratch. Be then he waas Serjeant Broon.

Thur waas a durdom at Wigton teame t' lad escaped; it waas a mystry, an' a nine days wonder, cos they luck't for a lad in shackles, nivver even thinking' he red gat rid av them. Besides they war nivver fan. Suspicion fell on his relations, bit they denied aw knolledge, an' nowt waas ivver prov't.

Clem nivver com back ta Wigton, an' he marrit an' stuck ta t' neame av Broon. It waas fadder that com ta Wigton frae Cockermuth lang efter his great gran'fadder waas deid an' forgitten; an' Broon iss still oor neame.

Only ya fella cud hev gitten t' leg-irons hidden under t' reuf av Isaac Pattinson's factory, that waas Clem's Uncle Ned Mossop, an' he dee't wid his secret.

Fadder thinks seah ennyway, an' thurs neaboddy ta contradict him.

Teales o' owd Mardale

Transcribed by J. M. Scott-Smith.

Transcribed from tape recordings of Mr. Tom Edmondson, formerly of Flake How, Mardale. (Mardale Dialect) North Westmorland.

The following dialect is certain to become completely extinct within the next decade or so, as the dale, was flooded in 1939, and now lies beneath the waters of the Haweswater reservoir.

True born Mardalians are now sadly very few.   Tom Edmondson is now 92 years of age, and lives in Penrith.   He was recently featured in a documentary on Mardale.

Mardale Shepherd's Meet

Ther' was this chap as co' ta t' Mardale Shepherd's Meet, he co' fra oot o' Ken'mer - Nowble Walker, he co' ivvery year 'n' he'd git a gey lot o' beer, 'n' stoppt' t' weekend.   Ennyrwoad, he gat in click wid a John Hebson as worked fer t' Manchister Cwooperashun.   The'd supp't beer a' t' day, 'n' than when t' neet com, Daffurn nivver went ta bed, 'n' sea the' gat ontul whiskey, 'n' the' supp't whiskey a' neet.   Furst yan went ta t' bar, 'n' than t' uther, 'n' when, aboot sebben er eight o' clock o' t' mwornin' John Hebson went fer them agen, he fetched hissel a pint dash back.   Nowble says "What's ta ganna dea wid that - Ista ganna hev a wesh?" He says "Nay, Ah's ganna sup't".   "Weel".   Nowble says "If thoo sups that efter a' that whiskey, it'll blaw thi' brains oot!"   Anen he says "Nay, 't'll nut - cos thoo nivver hed enny!"

T' Clay Pigeon Shuttin'

Anudder la'al teale aboot Now'ble Walker.

He co' ya year fer t' shuttin', Colonel Burn was theer, an' he did gaily weel, he gat eight points oot o' a possible ten, an' he was gaily pleesed.   'N' sea efter he'd shutten, in a field jist bela' t' Dun Bull, he away back ta t' Dun Bull fer annudder pint o' beer, he'd deun sea weel.

He happened ta meet Now'ble Walker agen t' Holly Bush, as he kent; "Man thoo hes deun weel ta cum, Now'ble, Ah is pleased ta see tha, thoo hes deun weel, cum on hev a drink wid me, anen we'll ga doon ta yon shuttin' gallery, an' Ah'll shut the fer howf a croon".

"Oh!" says Nowble, "Ah'll shut a divvel like thee fer nowt jist a tgit shot on the'".

TIME?

By E. REDMOND

It's true et housewives ov ta-day hev kitchens sparkling white,
　Where yance they war aw dark an' drab wid hardly any leet,
T" old black range hes been exchanged for some push buttoned type,
　An' t' old chap wid neah flues ta clean, hes time ta git his pipe.

We carry neah mare watter 'cos its piped reet in till t' sink,
　An' jobs et yance war real hard wark ur noo done in a wink.
Seah many jobs yance done be hand ur now aw done by power,
　An' t' men fwolk think we've nowt ta dui but crack for many
　　an hoor.

'An' that's a thing et puzzles me for aw we ivver say—
　" We ga at a deed gallop thro' each lang busy day ".
We vow oor wark is nivver done—we hev neah time ta visit,
　If aw these things seave that much time—Ah'd like to know—
　" Whoar is it?"

THAN AND NOO

(West Cumberland Dialect)

By MURIEL DOVER

　When la'al Philip Hodgin com freh London in nineteen
hundred an' yan t' stop for his holidays wid his grand-fadder, he
was varra upset t' find that t' old fellah was a bad fettle, 'cos he'd
gitten rheumatics an' could nobbut hobble aboot on twa sticks, so
he used t' sit, deh bi t' length, looken oot o' t' back-parlour
windah, ower-looken t' Millfield.

　" Gran-fadder," said Philip, " Why divv'nt ye cum an' live wid
us in London. There's sec a lot t' see oot ov oor windah! We live
ower t' shop an' we can watch croods o' folk gahn by—an' often
fire engines gah past wid fower horsis gallopen, an' we hed a good
view ov t' bands an' soldiers in their red uniforms when they

marched back fra' t' Sooth African Wahr. It's great! Yah deh
Ah saw yan o' them new motor-cars flee-en along at twelve mile an
'oor. Ye've nowt t' watch here!"

"Loav-in-dehz," sed t' old man, "Ah've plenty t' watch
through mi ' than and noo ' windah. Ah can watch History, Geo-
graphy an' Nature-Study oot on't. Cum an' Ah'll tell the."

"Ower theer, ther's Workington Haw—noo that's varra old—
far older ner yer Buckingham Palace. Generations ov t' Curwins
hev livd theer an' we yance hed a Queen sleepen in't an' aw; Mary
fra Scotland she was cawd. Away ower yonder there's Schoose
Farm—t' Home Farm belangen t' t' Haw. John Christian Curwen
waz a great agriculturalist, he started t' first Agricultural Show in
England. Y' can still see t' laal arches whor they hoosed t' cattle
an' sheep for it. Yonder y' can see Cuckoo Arch passen ower t'
road. It was really a short cut t' t' farm freh t' Haw . . . but
ivery-body knew that Squire Curwen built it—si as he could ride
ower t' top o' Lord Lonsdale and shoot " Cuckoo " at him when he
was cummen fra' Lowther till his castle at Whiteheven!"

"An' look at them moontains. What, they've been theer since
t' beginnen ov t' wurld vaneer. Ah can see freh Skiddaw reet t'
t' Lampla Fells. An' its varra interestin', watchen greet cart-horses
hallen trees t' t' saw mill an' watchen t' mill wheel splashen roond
an' roond. There's allus plenty fawk gahn for wauks—'specially
ev a Sundah; fadders in their best suits an' boiler 'ats an' mothers
in smart costumes an' t' baruns in their new clahs they've gitten t'
be Easter Babbies. Then uv an Easter Mondeh, they aw cum
t' rowl their Pasche eggs an' pleh chessen in t' field.

"Uv a warm Summer's deh t' lads like t' dook in t' yearl—
often in their bare pelts. An' there's t' fishermen in t' river freh
mornin' till neet. There's nea need for me t' gah t' Crufts Dog
Show; aw deh lang there's ivery breed an' pedigree gitten takken
for walks—an' plenty whippets an' mungrels as weel. An' Ah've
allus plenty o' birds t' watch an' listen till. They're chirrupen aw
deh lang. There's dozens o' sea-gulls an' than t' swans'll cum
gliden doon t' river.

"Si Ah doon't think Ah'll cum t' London, lad. Mudther an'
me'll just stop whor we're at!"

"Oh, aw reet, grand-da," says laal Philip, "Anyways Ah was
just thinken—if you cum t' London Ah'll hev neewhere t' cum for
mi Summer holidays—si Ah think y' hed better stop 'ere efter aw!"

WISENDA EN MARTIMAS
By HELENA OLIPHANT

" Ista stoppen on?"

" Nay, Ah's thinken e heven a fresh shop. Yeh can bide ower lang et a pleeace. Is thoo stoppen?"

" Whia, Ah hevent bin ast yit, bit Ah wad like te, it's a gey gud meat shop. T'auld fella's nut seea bad, rayther cottert mebbe, bit waat, a divil ye ken's better ner yan yeh duht!"

A lass med say, " T' missis is es twynt es a dog's hint leg, bit shaff, theer's aulus summat."

Up tull aboot t' last waar this sooart e crack went on atween sarvent lads en lasses tweea times a year, afooar Wisenda en Martimas. The' hiret be t' hauf year en gat ther wages ev a lump, t' neet afooar teum Setterda, yan be yan, in t' best parla. I' them daays 't waas a shamful thing te ass fer a sub afooar t' hauf year en; en wes nobbut deun if the' war backset en fooarset.

Ther wes a ra' rush on e teum Setterda mooarnin, lads en lesses wes up (widoot shooten on fer yance!) tweea hoors seuner ner other daays, te git deun up. Mair ner that if the' hed te tak ther kists wid t' hoss en car twee-thri mile te cop t' eight train, en hed t' hoss en car te tak back, en than mebbe walk back ageean té t' stashin. The' waantit te be et Carel hirin' es seun efter eight es the' could git, whether the' war gaan te hire er nut. It wes ther helliday en the' waan't ganta weaest a minute on't.

The' wad stan roond t' cross, reet fooarnest t' Toon Ho, lads e yah spot en lasses ev another. A farmer wad pick waat he thowt a likely lad en ass um—" Can te plew? Stitch? Fell a dyke? Dry wo gaps? Stack en theek?" En the' vannar awlus could deea owt!! " Than hoo much ista assen?" A bargin hevven bin strucken efter a lang, lang haggle, yerles, aboot hauf a croon, wes geen be t' boss te lapt up.

T' seeam thing happent wid t' lass. " Dusta like barns?" she wes ast. " Ista a good gitter up? Can te milk? Mak butter? Sarra cauves en pigs? Mew hay? Beeak en wesh? Hoo lang waasta et thi last spot? Wheea waaster wid?"

Than t' seeam lang haggle. Efter the' gat hiret the' did ther shappin' fer t' hauf year. The' bowt ther cooard britches, sarks, kytles, clogs, caukers, frocks, aprens en cooarse brats te last them wel next teum. The' packt en keept them in girt tin er wood kists et weight aboot hauf a ton! Than the' went te t' fair on t' Sands.

Ther wes Cockermuth e t' Munda, en Peereth hirins e t'
Tuesda e Burraget, en th' war aw theer. Ther wes t' fair e Greet
Dockra en Sandget, turn aboot, wid hoppy hosses, hoop-la, auld
aunt Sally, donkey rides, sweiy booats, cheap jacks, stalls wher the'
war makken gowld brooches (wid wire). Ther wes t' pig wid six
feet, t' cauf wid tweea heeds, t' fat woman. T' fella pullen teeth
wid his fingers yance teuk a teuth oot fer Bob Reid, bit he gat hod
e' t' wrang un seea he teuk t' reet un oot fer nowt. Bit Bob waasn't
aw that set up aboot it!!

Than ther wes t' chap wid saave et wad cure owt, cworns,
waarts, bunions, teuth wark, brokken legs, heed wark, chapt hans,
chilblains, bad backs, reumatics, sair thropples en awt else et yan
could ail.

St. Andrew's parish rooms wes oppen es a free registry fer
sarvent lasses en employers frae nine tull yan wid refreshments et a
sma cost. (In 1899 it wes leuked efter be Mrs. Brougham, o' Brent
Hoose en members o' t' G.F.S.).

Eddy en Cheesebrough, 'Mother' Cowin, Keate Lee, Tudor
Cafe, Irvings, Flemings, en others, hed lang teables set oot wid
plain teas er plates e meat er pies fer varra laal.

T' daay finisht wid t' teum dance in t' Drill Ho in Portland
Pleace.

Than ther wes t' secind hirin a fortneth efter fer them uns
et hed run awaa fra ther spots, er bin chesst cos the' war neea
good. In t' Spring it wes cawt laal Wisen Peereth en aw t' barns
hed hellida for't en aboot one shilling apiece te spend on t' hoppy
hosses en sec like, bo's en munkeys ev a bit lastic, goodies en
squaakers.

A hiret lass did aw t' fleur scrubbin en ther waas sum!
T' fleur cloot wad be a bit e guana bag, en t' brush an auld yard
brush wid beeath ens sawn off.

She black leedit t' girt fire-spot en emtit t' ass whol yance a
week. A gey het job it waas howken three er fower big bucketful
e ass oot. T' black leedin teuk a lump e tweea hoors, t' black
leed wes a pooder et was mixt wid watter, vinegar, methalatit
sperit er waativer wes fancit. Ther wes girt steel fender en fire
irens te clean wid bath brick, er emery paper, tull the' shone like
silver, en be t' white weshin roond aboot en yah thing en another
wes deun, she wes vannar black brossen, en Ah's nut jooaken
when Ah saay black. The' gat up seuner at some shops en did
it afooar t' fire wes leetit, bit it wes a gey het job even than en
teuk some elba greese.

T' keeal-pot wes feriver hingen e t' creuk, boilen laal taties fer
t' pigs, linseed fer t' cauves, er hayver fer t' gallawa, if it waasn't
boilen a dumplin fer t' dinner, er sheep heed broth fer t' supper,
en tweea-thri wes bund te boil ower if aw t' lot dudn't. En slatteren
watter oot e t' side boiler fer iverything meade things neea better,
ivery drop on t' steel fender wes reed rust in five minutes.

At neets ther wes t' iverlastin stockins te mend (neea nylons
than) er a twilt in t' frames, er cloots te clip er a harthrug te peg,
t' lads wad oft peg ther neames in, er a hoss er summat, en ivery
laal bit helps! Iverybody wad be tellen teals aboot lang sen, er
hoo t' wark wes gaan on ootside, er t' badly coo, whaat happent
efter t' kirk com oot last Sunda neet, er wheea set wheea yam fra
t' hop e Setterda neet!! Bit iverybody gat awaa te bed be nine er
seun efter. T' lass, en t' missis geyly aft, helpt wid t' milkin, did
t' separatin, sarrat cauves en pigs (t' set pot fire wes te leet fer het
watter). The' mewt hay, forkt shavs, howt turnups, set en gethert
taties en inamanghans did aw sooarts e jobs. Ther wes yubbin
sticks te ratch roond for, brokkin posts en sec like, te shuv through
t' whol te git yubbin het.

The' waar, en hed te be, strang, willin, en good tempert, en
meade many a farmer a claggen good wife.

Lang sen, reet fooarnenst t' kitchen dooar a girt barrel steud
fer t' dish watter en scraps (bar beeans) t' tea pot wes emtit intult,
tatie en apple peelins en aw maks e things went intult, en it wes
geen te t' pigs wid grund havver. Ah duht kna whaat these
hygeenic fooak wad think on't noo, bit by gox them lasses gat
ther pigs fat!

Yeh'll e hard teale e t' lass et wes leeven her shap et teum
Setterda mooarnin. T' cooaly dog wes liggin just ootside t'
kitchen dooar, she flang a shillin tult en said, "Here lad, tak that,
thoo's seeavt meh many a bit weshin up."

ISIC'S WEDDING DAY
(North Westmorland)
By Mrs. A. F. HUDDART

Isic was a comical auld feller, full o' fun an' daftness, an' he liked nowt better ner to tell a teal—especially yan aboot hissel. Ah think t' yan he liked best was aboot t' day he gat wedded. He wad start off be sayin', "Ye know, Ah was twice wedded an' vanna buried a yah day." "Loav-in-days, Isic," somebody wad say, "Hooiver did that come about?"

"Whya noo, it was like this," Isic wad say, "When me an' my missus gat hitched up, t' parson was a varra auld feller—a nice oald chap, but a bit doddery an' maffley like, but when t' weddin' day com roond he was theer at t' church waitin' for us wid his beuk in his hand. He set off widoot further adeu an' went on weel for a start, when go bon, if he didn't ga an' drop his beuk! This caused a bit o' flusterment, an' some o' t' younger end started to snirt an' laugh. Hooiver, Ah picked his beuk up for him an' he set off yance mair. There was some mair gigglin' a back o' me, an' my missus—'at was to be—nudged me wid her elber, an' when Ah listened a bit harder, Ah realised he was readen t' Burial Sarvice! T' bridesmaid fand him t' reet spot an' he set off yance mair an' this time he gat through widoot mishap, an' gat us tied up good an' proper."

"But ye see hoo 't was, dunt ye," said Isic, "'at Ah was twice wedded an' vanner buried a yah day?"

'WILL RITSON O' WASTLE HEEAD'
by the late Lance Porter, Eskdale

Yead ken 'auld Will o' Wastle head' when he wus t' statesman theer?
He wus a rare yan wid his tung, an' ney man dud he feear.
A chap at scraffelt through his life duan o' macks o' jobs
Wus t' reet yan ta hannel t'upstarts, an' gay seean shut th'r gobs.
He wus taw, an' raider lanky, an' stouped a bit at t'neck
Bit fur aw that he wus lish as any otter in a beck.
His faverat booast o' Wastle - - an' t'wus weel knaan, far an' near,
Wus 'T' heighest fell, t'deeapest lake, t' sma'ast kirk, an't' gertest leea.

When he took ower t' pub up theer, he fairly meead it pay
Fur maist o' t' fwoak at luiked in yance 'ud caw anudder day.
Yah day a brewer's traveller com bit Ritson tooald 'em off
Sayan' his last yall ed bin poor, an' nut t' mack fwoak 'ud trough.
'Wey, that caps owt' ses t' traveller, 't' wus a varra special brew
'We browt t' moat reet fra Scotland - what meear cud we due?'
'Fra Scotland, eh? Will scrat't his heead, an' than his anser com:
'Wey, t' next time git y'r watter theer, and buy y'r moat at yam.

Yah summer, when he hed his farm, auld Ritson gat a yock
At wussant varra good on't fell though he cud mannished't stock.
The' were terble thrang - haytiman' - an' ed just meead up a stack
An' Will wus off wid t'hoss an cart, when t'sarvant cooad 'em back.
He leeaves his hoss, an turns ta see what t' bodderment's about,
An' t' lad blurt's 'Wey, Ah can't git down, sooa Ah 'ed fooarced ta shout.'
'Git doon?' ses Will, 'A simple job, ney need be capped be it,
'Thee shut the' ees, mi' lad, an' than just woak about a bit!'

Will 'ud tak time wi' t' woakers, bit nut wi' them at swammelt t' crags;
He put 'em down as Dummelheeads, an' empty bledder-bags,
An' when he sid th'm pass be t'hoose, wi reeaps, an secklike stuff
He'd say 'Why fash y'rsels fur't crags, is't t' fells nut big enuff?'
Yah neet a couple stopped at t' pub, ta wet th'r nebs, an crack,
An' tooald 'em which crag-feeace th'd clumb, as the' were makkan back.
Will lissend weel afooar he said 'Believe yeh? - Hev ney feear,
'Clumb t' Mickledooar? Nay! Nowt but fleean things cud git up theer.'

Dus ta mind t' teeal o' that Lunnoner? It meeaks meh snirtle yit
He leet on Will a-fishan', down aside t' Mooasdle beck,
An' want t' kna what t' troot fed on in't winter an' t' back-end,
An' Will gev 'em an anser at his simpleness med mend:
I' yat wedder we git a lock o' Lunnon fwoak up here
'At dowk an dowse th'rsels in t' ghill ('bout t' on'y time i' t' eear!)
'Wey, when th've finished wesshan' t' laal fishes catch as't flees
'An' stow em by for't winter, sooas th' c'n tack th'r ease!'

T' last Reynard med be o' fox-huntan', o' which Will wus gay keen
He'd 'ev t' dogs efter Reynard whenivver he wus seen
An' he cud mak yeh laff, ano. at t' bit teal o' how the fond.
O' Reynard roond'd t' Pillar **twice** afoor he went and whooald?'
Now Wills passed on, he' gon ta grund, bit sud we quite forgit -
Th'm that 'ev laffed an' toaked wid am - his memery is green yit?
Farmer, huntsman, mountain guide - his glory'll nivver end?
Shippard, Land-looard, Stateman, an, ta them at kenned 'em: Friend.

(Authentic tales of Will Ritson.)
Eskdale.

A MUDDER'S LAMENT

(This piece was found by the late John Peel, amongst some old papers. He did not know how he had come by it, but it was inscribed 'by Charles Bell, of Carlisle')

Whoa was be a mudder, wid three 'rive-rags' et scheul?
Stitchen, patchen, darnen - neabody bit a feul;
Climmen, teeren, riven - cleas hauf off ther backs,
Nivver caren hoo ther clad an' t' munney et it taks!

Its riven, riven, riven, that's jist hoo it gaas
Riven, riven, riven, ivvery day gits warse
Darnen, stitchen, patchen, mornin, noon an' neet
If it isn't fer ther backside, its summat fer ther feet!

Ah wish et yeh cud see them when the' cum back fra t'scheul
Leuken mair like fla-craws, Ah cud just sit doon an' yule;
Pullen, kicken, riven - Ah dread them cummen yham
Wid hauf ther sark tails hingen oot, the' diffent care a dam.

Ivvery morn an ivvery neet, nay, nivver a day gaas past
Bit wat Ah sit here menden breeks wonderen which pair's t' warst.
Climmen, pullen, riven - times et the've bin telt
Wat the' want's a bat et lug an a lash on t' back wid t' belt.

Whoa ud be a mudder, cleas galore te mend
Stitchen, darnen, patchen, fair driven roond the bend?
Marriage an a family! - wat a bloomin sell
Sum fwolk ca' it Heaven, Ah think its mair like hell!.

It's riven, riven, riven, britches, cwoat an' sark
Darn, stich, patch, nowt bit ruddy work
Ah'll stop an' put on t' kettle an mak a cup o' tea
An' than git t'needle gaan again an' patch on till Ah dee!

By WILLIAM SANDERSON

T' RHEUMATIC

Help't bih a strang esh kebby-stick
(Pass't on teh son frae fadder).
He hokkert doon teh t' lonnin-en',
A fave'rit gedderen-spot fer t' men
Teh sit an' smeuk an' bladder.

Theer, on a hard plank seat worn slape
Wid many a pair of britches,
Theh wagged ther heeds in wise debate,
Er settle't grave affairs o' State
Wid t' ease o' shellen fitches.

Amang them slowly doon he clapp't
Gr'yahnen a bit an' gurnen—
His leg was varra bad that day,
Seah bad he'd vanner stopp't hoafway
An' thowt aboot returnen.

'What fettle min?' sez yan o' t' men,
'Hoo's t' spavins?' japed anudder.
Et which his broo grew ribbed an' scwored,
Es wrinkelt es t' ole weshin-bword
Et yance belong'd his mudder.

'Ah've teann', he said, 'Aw t' cares et's gahn,
An' followed t' rules teh t' letter.
Bet efter aw ther magic rings,
Ther sauts an' soaves an' bummle stings,
Ah's nut a skuddick better.'

'An t' doctor bleammes ole age fer t' leg
(Fancy—widoot a shudder)'
'Ole age be hang't,' Ah blurtit oot,
'It's nowt o' t' swort—away; git oot—
T' legs just t' seeam age es t' udder.

A Bit of Binder String

Can ta mind Bill Dodd, 'at used ta wark fer Bells at Howgill End?
There wasn't a teul aboot a farm 'at t' fella couldn't mend;
Frev a braffin tiv a havister, er any mortal thing
Auld Bill could allus fix it wid a bit o' binder string.

Yan day t' auld Friesian bull gat oot, a' caved an' ratched aroond,
Neabody durst gan near him as he rwoared an' scratted t' groond;
Till t' boss shoots, 'Bill! T' bull's gat lowse an brokken oot his ring.'
An' Bill lassooed t' auld begger wid a bit o' binder string.

Bill cwoorted Mabel sebbm year an' then he says, Let's wed,
Ah've gat a teable an' sum chairs an' ganny's fedther bed;
There's hauf a ton o' taties up in t' field 'at Ah can bring,
Ah Ah've med sum bonny bits o' mats wi last 'eear's binder string.'

'Weel,' Mabel said, 'We'd best git wed afore we start at t' hay,
Sea they had a slap up weddin' on t' sebbmteenth o' May;
But when they gat to t' Church, Bill fund he'd cum widoot his ring,
Sea he hed te marry Mabel wid a loop o' binder string!

Next 'eear a sweet laal dowter kem ta bless oor happy pair,
Wi girt blue eyes like saucers, an' a tuff o' ginger hair ...
An' Bill he says te t' Parson, at t' babby's christening,
'Leuk, her hair's jist t' same colour as a bit o' binder string!'

Weel, time went by an' auld Bill deed an kom te heaven's gyate,
He hard 'em singin' aw aroond an' he waz terble flate,
An' he says te good St. Peter, 'Sir, Ah nivver larnt ta sing,
Ah waz allus thrang at fettlin' things wi bits o' binder string.'

'Don't worry, Bill,' St. Peter said, 'The good Lord understands,
He's been a carpenter, an' likes te see 'at folks can use their hands;
An' we're varra glad ta see thee here, we've plenty 'at can sing,
But we need a handy chap like thee — hesta fetched some binder
    string?'

So Bill he bides in heaven noo, he doesn't hev a care,
He's gat a tidy warkshop aback o' Peter's chair,
An while aw t' angels play their harps an' t' saints stand up an' sing
Bill mends t' laal Cherubs' toys an' things, wid bits o' binder string!

'A bit o' binder string' was originally written in the Devonshire dialect
by the late May Crook, of Dalwood W.I. and first appeared in 'Home
and Country' some years ago. It is reprinted here by kind permission
of the family and as a grateful tribute to Mrs. Crook who was a great
lover of her own Devon speech.

A Day Oot

by Janet Maughan (North Cumberland)

'Mornin hes brokken', so twitters the laal bird just as seun as he hears me stirrin, me old sceul blazer hed a latin phrase on't pocket which sed - 'Fes tin a tio imp rov i da'. In English that was 'make haste slowly but in dialect ah was say 'Hurry sharp, tak yer time' - Thats just hoo things is, 'cause ahhs nut sea lish, as weel inta me sebbenties, ah hev a few jobs ta dea, afoior ah git me brekkfast, laal silkies a bite and sum hinder ends to soat aboat in, t'auld collie a bite anaw and t laal bird a bite as weel. Ah hev me poddish than mak riddy for a day oot till t' local hospital for what is known as 'day care'.

T' local hospital hes what is cawld a 'league of friends' and ivery week on a sartin day a 'friend' fetches his or her car reet up till't dooar and in ah git, wid o' me bits and pieces. Than t' driver locks t' dooer and off we set and pick up anudder body - shes riddy for oor friend as weel - noo we're aw set for a good lang ride in tull t' toon, mebbe 5 miles.

Its a dry, clear and fresh mwornin at t' end o' April. Laal lambs are liggen aside there mudders on't dyke breest int' sun and theers a wattery wagtail laiten stuff fer her nest, Ivvery week theres allus summat fresh ta see - Dyke backs are bonny wid awt' flowers, primroses daffys and t' gardins are varra colourful! T' toon is choc-a-bloc wid traffic and market day stalls, but oor dirver friend nivver stops and seun we are in tilt Hospital grounds, theres a good show o' waw flowers, t' gardener keeps aw gay tidy!

A shwort distance an we're heading fort day room, good mwornin tull iverybody and we git an easy chair apiece and seun a cup o coffee - We're riddy for't efter oor ride. Oor friend wants to know if theers owt we want, sec as shoppin, stamps or pills? Seun we're beath settled in and t' matron coms ta see hoo we're gittin on. She does as she thinks best. Mwornin hes slipped by and seun its dinner time, kitchen staff mak a gay gud meal sec as tatie pot or shepherds pie wid a puddin and a cup o' tea.

Awt meal is cleared away an we hev books te read, TV, or a quiet nod off! Afoor we know its time for tea agean, than friends com in for aboot an hour and they fetch in things for't residents - flowers, Lucosade and pot plants. T' nurses tidy up an arrange t'floors. Than t' nurses fetch oor cwots and we git riddy for yam. T'driver taks anudder road - As seun as t' canary hears us he gives his usual welcome - Postie hes left lettus which ah leuk at - than a walk roond green house, am sure t' plants welcome me back, Ah sit on me stool and reflect on the pleasant day spent - warmth in t greenhouse and warmth of a different swort at t'hospital aw makken yar feel a gay sight better i mind an spirit --- I ga back intaul t' kitchen an mak a bite ta eat - than TV, letter writin or a friend might ca.

I'm riddy fer bed, tired but happy and thank oor fadder above for the beutiful country side, the kind nurses who hev sec endless patience and cheerfulness an aw who meade my day possible.

DECIMALS

By GEORGE HETHERINGTON

" Loave-in days, wat a darrick," said t' ole lass in t' shop
Es she ratched in er purse fer some money,
" This choppen an' changen ull aw hev te stop,
Afoor it sens ivvery yan funny!
New hoapnies en pences en fifties en puns,
Ah wunder whoa fust thowt aboot it?
Ah's far ower ole noo te larn these new sums, .
An' thoo'll charge ower much, Ah deun't doot it!"

" Noo, mind wat thoo's sayen, en less o' thee nant,"
Says t' grosser, " Ah didn't invent it!
Ah just cannot coont an' lissen thee rant,
So shut thee ole gob!"—en 'e meant it!
" Twe oonces ev 'am en a leaffe o' broon breed,
A quarter o' tea—en a cannle,
Some cheap offer beans en a bobbin o' threed,
Some jam—en a sweepin' brush 'annle."

"That's tuppence en fivepence, a fifty, a bob,
A two shillin' bit—en a fower,
En twenty maks ten—bless me sowl, sec a job,
Ah'll ev te start coonten aw ower!"
So 'e startit agayn, " Nay, it can't be a pun!"
En is ole feace went reed as a fire;
Then 'e rov off is brat, en 'e scopped it on t' grun
' Thoo can hev them—Ah's ganna retire!"

JANIE ANNE'S

(In the Dialect of Kendal)

By GERALD WILLIAMS

Aald Janie Anne Rigg deed aboot twelvemonth sen, 'er as kep
t' lile corner shop at bottham o' Fletcher' Yard i' Kirkland for fo'ty
eear as Ah knaas on, an' 'appm a goodish deeal lannger ner that. An'
wat dosta think was t' fust thing as Janie' lad did, 'im an' t' dowter-
i-law? They sellt up t' shop an' t' cottage nex' dyooer, whar she'd
lived aw 'er life, to some big consarn fra doon Manchisther way. Weel,
t' aald lass'd nut 'ev bin caald i' t' grund afoor the'd rov'd t'lot doon
an' dessed up yan o' them girt shiny supermarkits.

Noo Janie Anne's were a grand shop. It wasn't varra big, but
thoo could git owt thyare — frae a paar o' shoe lyasses tul a yar-net,
frae a styan' o' flooer tul a 'awpeth o' yest. She'd aw maks o' stuff,
aw tummled aboot on shelves, i' drawers an' kists, jars an' secks —
aye, an' aw ower t' flooer, an' aw! 'Appm thoo'd mannish to finnd a

GEORDIE'S WEEKEND

(West Cumberland Dialect)

By MURIEL DOVER

T' other deh Ah hed t' gah back t' t' hospital for a check-up efter mi operashin. Ah'd a tidy bit journey on t' train an' bi t' time Ah'd gitten waukt up Ah wuz fair tued oot an' was glad t' sit doon in t' waitin' room. Ah sat away an' then sez Ah t' misel sez Ah, " if that's nut Geordie Postlethut's voice, Ah'll eat mi hat!" si Ah gahz alang an' sez, " Hoo's t' gahn on Possy?" He hed a gliff at meh an' said, " Cush min, is't Elick Tyson? Hoo ista, marrah?"

Weel we hed sec a crack, aw aboot when we were lads t'gidder ower forty 'eear sen, an' hoo we used t' gah yam t' Wigton aboot yance a month fra t' spot whoar we were hiret. He hed a bike an' Ah used t' ride ont' back step. Ah exed 'im what he waz up at t' hospital for an' he tell't meh he'd gitten t' dust wid warken in t' pits an' hed t' hev treatment ivery si often, but he wuz back at wark an' gahn on champion. " An' hez t' eny family than?" " Oh aye! When oor furst lad was born t' midwife cawd iverry deh for a fortnuth, an' when she was gahn she said, ' Weel, si lang Geordie, Ah'll see th' this time next 'eear.' ' Thoo'll nut, thoo knows.' ' Ah'll back y' owt Ah will ' ......an' sure enough she was back iverry 'eear for ten 'eear." " Loav-n-days, lad; thoo hesn't ten baruns, ez teh?" " Ni," says Geordie, " Ah've nobbut seven liven."

" Thoo'll likely gah for lang walks at weekends t' git plenty fresh air for thi lungs, eh?" " Noot o't mak; Ah gahz across t' t' pub ov a Saturdah morning to put mi bets on an' then efter dinner Ah gahz across agyan t' watch racen an' git tanked up. Then Ah cums yam for mi tea an' gits changed. Ah ask oor Maggie if she's cummen wid meh — but she ifs an' afs aboot — si Ah seh, ' Oh shaff on you, Ah's gahn,' an' Ah stops in t' pub till closen time. Ov a Sundah Ah gahz agyan an' gits back aboot two o'clock for mi dinner. Oor Maggie an' aw' t' baruns ev hed theers, but she boils meh a fresh loc' o' taties an' then Ah gahz an' hes a kip on t' bed till aboot six o'clock. Ah used t' sleep on t' kitchen sofa, but oor lasses persuaded their mudther t' git rid on't an' buy yan o' them black vinyl three-piece suites wid spinnle legs on't, an' Ah can't git full stritch like Ah cud on't old cooch. Aboot six o'clock Ah hev mi tea an' a wesh an' shave and gah across t' t' pub for a gehm o' dominoes."

Ah wuz just minden 'im on aboot t' time oor Mudthers fund a loc o' apple scrunts in oor pockets, si they knew it was us whoah hed raided old Betsy Cooards orchat an' we byath got a good bencillin... when a laal puff an' dart of a nurse cawt meh in t' t' specialist. When Ah com oot Geordie hed likely gan t' his. Ah couldn't wait as Ah'd mi train t' catch, but noo Ah've fund im agyan Ah'll sartinly gah an' see him at his yam . . . . someteem!

HE NIVVER COM.

By MARY ATKINSON.

Ah'd been leaven up at Branthet when it happent; it was ya neet on at t' back en t'heer. Ah thout Ah wad just ga as far as t' post office for an ounce o' broon. Ah cut ower be t' lang paddick, an' away be Bob Askey's, t' cloods war cummen ower t' harritch an' it was gitten on for darkenin' when Ah was gaen santeran doon t' lonnin' frae Bob's. Ah hard sumbody singen a bit sang in frunt o' me. "That'll be Lizzie," Ah thowt, "t'lass at Bob's." Ye'd mebbe kno' Jim Tyson, t'lad lad that Bob hed. A greit schleungen, gawpish reptile he was ano' if ivver theer was yen. Weel, he gat peer Lizzie wrang, ay, an' left 'er te scraffle alang 'er awn way. An' him, oh well he just faded oot leyke, mebbe intil t' army, ennyways he tuk off, yen o' them "flee be t' skies" thu knos. Oald Bob was a gran' swort, his weyfe an' aw, an' they hed taen till t' leyle lad leyke as he yen o' ther own—they caw'd it efter t' oald chap ennyway.

Weel, Ah catched up wid Lizzie, forivver singen she was oot-seyde, allus hymns (she'd gone a bit moped leyke), bit she was a good lass aboot t' farm, an' milken . . . well mebbe t' coos leyked "Theer is a Green Hill," ay, mebbe they did. A canny lass she was bred in a mannerly an' menseful way as weel. Ah'd been a bit tekken wid her mesel (young thu knos an' aw that) bit she wad hev nowt te deu wid me, it was nowt bit Jim' wid her, efter 'er leyle lad was bworn it was just t' seam, she nivver leuked mey way. Ah tell't 'er, "Ah'll tek ye beath," bit it wasn't a bit o' gud an' then she went a bit hawf-rocked. Weel, theer she was away doon t' back lonnin meungen till 'ersel sum hymn or udder.

"Well, Lizzie, ista gaen till t' dance at Branthet?" Ah axed, cos she was aw clipt an' heeled an' dolled up leyke t' Queen o' Sheba.

"Nay, Sam," she ses, "Hesta nut hard aboot Jim? He's cummen yem teneet. Ah's just gaen doon till t' brig to meet 'em

noo. We're gaen te git wed reight away Munday fortneth "—gey
excited she was an' aw. Ah was sair put aboot for t' peer lass an'
aw her mafflement aboot t' wedding, ye see Ah'd hard it aw afoor.

Ah gits me bacca at Mary's an' then Ah fell in wid Geordie
Robbison, an' we hed a peynt or two at " T' Cock," nut much
meynd the, an' then Ah set off a cuddy canter for yem. Be t'
teyme Ah gat till t' lonnin 'en, you cuddn't see yer neaf a frunt o'
yer feace. Then t' rain com doon seah Ah just stepped in at oald
Bob's barn dooer—Ah thout it meight ease off efter a bit.

Ah thout Ah cud hear a leyle squeechy noise, an' then it com
agean an' agean *an'* agean. Ah cud see nowt, it seemed te be just
abeun me. Ah greaped me ways be t' seyde o' t' mew, then it
squeeched agean an' summat coald just brushed me feace. Ah
shuvved me han oot, an' gat hod o' summat, a hanful o' rags —
then Ah knew. Ah off oot o' that barn leyke a scaudit cat, an' oot
in t' yard me fit catched itsel in t' swing plough, an' Ah measured
me length in t' gutter en of oald Bob's midden pant. Ah got
mesel scraffled oot, an' Ah wad say a gollered a bit, for oald Bob
com till t' dooer, theer was a leet frae t' hoose an' he cud see me.
He nearly ended hissel wid laughan—he thout Ah was teight, for
Ah can dew sum queer things when Ah's three sheits o' t' wind
wid yell. Well, Ah mun hev gitten 'em tell't a sum rwoad, cos
he got t' lantern frae t' byre, an' we beath went tegidder doon till
t' barn.

You'll nivver hev seen a woman hingen, hev ye? Just hingen
be a coo helter, an' swingen back an' forrat, an' aw drist up leyke
t' Queen o' Sheba.

Ye war axen aboot leyle Tom warn't ye, Lzizie's lad? Well,
t' ears hev marched on sen then. He wedded mey lass on a last
Spring theer, an' they're deun weel up at Burnsteed.

MAUNDY THURSDAY

by Mary Brooks

Ah wes gay set up like when Ah hard Ah'd bin yan o' t' oald fwoak picked ta git t' Maundy Munney frae t' Queen when she com ta Carlisle Cathedral on t' 23rd o' March, 1978.

It's summat as gahs away back ta t' days when ther war a lock o' turble poor fwoaks, an it gat at wheeiver wes on t' Thrawn usta giv munney fer food an cleas. Noo-a-days, ye git beath ordinary munney an' these real siller yans ats bin specially med fer t' job. Whativver t' Queen's yeage is i' yers, thars them menny pence, vally like. Es she'd gitten tav fifty two year oald, aw t' pinshinners, 52 men an' 52 wimin, gat this boony es yad med caw it fer thur wark ter t' Church an' t' Community. Ah hed a varra nice letter frae t' Almonry chaps et Buckinam Palace, ev aw spots, tellen us what ta dea on t' deay, en assen if we wantit a Bath chair ta ga ·intert t' Cathderal. Owt else we wantit, ta let them knaw, an we'd ta git oorsels intert Fratry (ower fra t' Cathedral dooers) just efter nine o'clock on t' deay.

Ah gat mesel gay warked up like afooarhand, bit nea seaner was Ah on t' Fratry steps, aw that went, an' Ah thowt Ah'd tak it aw i' me stride an' enjoy mesel. Ah sined meh ticket, en settelt doon on a chair whear the telt ma, an' watched iverybody cum in. Sum on them was i' Bath chairs, an' Ah thowt ta mesel, peear oald things, tha leuk gay peasty like, an desarve summat . . . an than Ah realiset 'at Ah wes yan o' them anaw, an' wad be leuken just sec like! Thu telt us aw aboot what wed happen, when wi'd ta sit an stand; we cud please oorsens what we sed ter t' Queen, owder Madam er Majesty, wedder we booed er curtsied - like thur wasn't much cut an' dried aboot it at aw. When we gat inter t' Cathedral it wes full o' fwoak whoad bin invitit, er lucky eneuf ta git a ticket. Ah wes gay lucky ta git a reet good seat, as Ah fand oot we war soarted intav alphabetical order, en wid my neame starten wid B, Ah wes gay near t' frunt, en cud see aw at wes garn on.

Ivvery yan ef t' oald fwoak hed a relation er friend sittin ahint them, en mine wes me youngest lad, Jonathan, He seemed gay proud ev his oald mudder, in fact t' whoal family did, en Ah wes a bit capped et aw t' attenshun tha gav mah that deay.

T' fust procession startit wid aw t' main fwoaks oot o' t' Church, an t' City an t' Coonty . . . thu wes nea fleas on any of them, aw drist up like dogs' dinners, mayors and sec like wid robes trimmt wid fur (an yan er twee on them leaked reyther es if t' mice hed bin at them), but fer aw that the mannished ta leuk gay pleased wid

58 LAKELAND DIALECT SOCIETY

clear spot on t' coonter if it were a slack day! Mindsta, for aw t'
scrow, t' shop were as cleean as they com, an' Janie fun' time to wesh
an' white t' step ivvery morning.

She sellt cannels, gas mantles, metal polish an' black-leead,
dolly-bags an' starch pooder, good iren pans at'd last for ivver, fresh-
byak'd breead, yam-med treeacle toffee joins, penny bottles o' pop,
taties an' cabbishes, cough mixture an' linniment, fresh 'errin' an'
fleeaks, sugar loaves, rock salt for when thi paths were slape, knittin'
needles, pots o' pent — why, Ah could gaa on aw neet lang wi' wat
she 'ed in yon shop. Few fowk ivver stumped Janie for owt: if she
'edn't gitten just exactly wat they wannted, she'd lait oot t' nex' best
thing, an' it was nivver naa bother. An' there was anudder thing t'
syam' way: there was nin o' this talk o' " Sorry, we're closing " or
" Sorry, we're not open ": Janie Anne were " Oppm " as seean as t'
fust customer rattled t' sneck in t' morning, an' " Clooased " when t'
last left at neet, Sundas an' aw.

. Ivverybody com to Janie's. Myast o' t' time they bowt summat,
but noo an' then they just leeaked in for a crack. Aw Kirkland knyow
Janie, an' she'd nivver see any-yan fast fer owt. Many an' many a
time she's sin fowk awreet for t' week's groceries if t' money wasn't
thyare — like when builders were short if t' wedder'd been bad i'
winther, an' there were barns to see tul. She wasn't a shop-keeper:
she was a public sarvice, an' yan o' t' kindliest bodies Ah's ivver knaan.

Weel, Janie Ann's is gon noo, an' we're a deeal warse off for that.
An' we've gitten nowt much to shoot aboot i' steead. Yon supermarkit's
nut seea grand for aw its glass an' chromium plate. Thoo spends
myare cos thoo buys things thoo doesn't reeally wannt, an' them
fancy lasses as warks t' tills waint 'ev a crack wi' thee. It's a sellin'
fact'ry, nut a reet shop. Wat, the'll nut even let thee use thi aan
shoppen baskit — thoo mun tek yan o' them wire things wi' wheels!
Awmyast ivverything the've gitten 's i' tins or packits, an' if it's nut
it's dried or frozen! Why, las' Setterda they even tried to sell me a
tin o' dried yest! Ah eksed t' Manniger ya day wat sooart of a gem
they were on wi', an' 'e tellt me it were aw a matter of heckomonics,
or some sic thing, an' as 'oo it were t' aanly way to keep prices doon.
Noo 'appm Ah's bowt t' wrang things, but things Ah's bowt er nivver
neea cheeaper nor wat they was at Janie Anne's. An' they dooan't
stock seea much as aald Janie did — they 'evn't neea linniment (" We
have no call for it, Sir!"), an' thoo can't git Kendal Broon thyare,
nayther.

AH DIVVENT KNOW

By JOHN T. COULTHARD

From the Dialect Poem Competition held at the Cummerlan' Neet Celebrations on Saturday, 12th October, 1935.

At Langsha farm a lad was kent
    Be t' neame o' Willie Roe,
He dwoated on a neybor's lass
    That leeved at Aikton Ho.

They met yea day at schuil rwoad en'
    When gan till t' Thursby Show:
" Is't gan ta rain to-day?" says he,
    Says she, " Ah divvent know."

They mated doon the rwoad till t' fiel',
    An' then went intill t' Show;
He ast if he might set her yeame,
    She said, " Ah divvent know."

Weel, efter t' dance he set her yeame,
    Till t' geate near Aikton Ho,
" Mun Ah cum roon some uther neet?"
    Says she, " Ah divvent know."

He went alang next Sunday neet,
    An' cawd at Aikton Ho;
" Is ta gan oot taneet?" says he,
    Says she, " Ah divvent know."

They santered laite on t' shady rwoads,
    Or stuid behint the wa',
He wondered if she'd be his weyfe,
    He thowt he'd hev a go.

" Ah want ta tell tha, Annie lass,
    Ah've loff o' Rattle Ho,
Noo will ta cum an' wed wid me
    An' be mey Mistress Roe.

Ah'll be a guid man ta tha lass,
    For thee Ah'll ploo an' sow
An' mek oor farm a real yeame;"
    Says she, " Ah divvent know."

Weel, t' weddin' day come roon at last,
    Aw's thrang at Aikton Ho,
An' when the parson said, " Wilt thou?"
    She said, " Ah—will an' o."

It's yeers sen noo they settled doon,
    On t' farm at Rattle Ho.
Bit clatter clash was nivver known
    Ta cum frae Mistress Roe.

A yeamly weyfe, wid muther's preyde,
    She watched her bairnies grow,
Till t' fever cum, then she was laid
    Near to the churchyard wa'.

Her awn fwolks grieved, the parish mourned
    The loss o' Mistress Roe,
Bit this they know, she's gone abune,
    Ne mair—she disn't know.

Betty's Butter Brass

(WESTMORLAND DIALECT).

YOUNG Ben Baggonet and ooar Betty were schemin' to wed. In t'upshot they came' to hingin' in t' bell-reaps, and when they'd been ax'd oot Betty thowt to hersel' as how she niver knawed what Ben's etlins were, so she teuk him for a woak and ax'd him plain. Ben tried to arsle oot, but Betty says:

"Dunnot yc bourt! I doan't suppose tha aydles a biggy sower. Eafter a' tha'rt nobbut a darracker, and I wean't expect a bensaller from tha, but I've got to hev me butter-brass."

"Well," says Ben, "that caps cut-lugs! What dosta want wi' butter-brass? Tha's leukin' for no flegmagaries, sewerlie!"

"Neider flegmagaries nor fudderment," says Betty, who was pubble and jimp, and leet as a lop, "so none o' thi by-wipes, but tha wadn't hev thi wife a shem and a bysen through gangin' aboot as neakt as a gorplin, wadst tha?"

"Nea, nea," says Ben, "I'll not hev my dawty leukin' kenspeckelt, but tha'll hev to lippen till me to give tha what's reaight. We mun set hills agin slacks, my moppet."

"Oah," says Betty, "sea that's it! Oppen thi gob an' pit oot thi lolly, is that it? Tha gert bowderkite, tell's thi etlins!"
Now 'tis true aneugh Ben was a gammerstang, oalas knockin' his noddle on the gallybawk, but he was no kipper-hips, or a cum-day-gang-day-God-send-Sunday kin' o' chap, so he sheuk his neif at Betty and shooted:

"Is this what tha ca'st gadderin' courtship and matrimony in the lonnin?"
But Betty were a clegger, and said, "Eah, tha mak'st mair din nor dow, and squawk like an old carl cat. I'll not be illified by a clot-heid. Ance an' for a', what dosta get for a darrack eldin?"

"Aneugh to buy a bubbly-jock for Kersmas!" says Ben.

"That's a stricher, I kna'," says Betty. "Mappen it mowt run to scram! But ly'a noo!" she went on, makin' a peer mooth, "doan't let's hev a revally. Tha's noan menseless, Ben. Tha'rt but a wankle wanter."

"Eah well," says Ben, "stop thi yadderin'. I'se go heam an' pit on my seapt sark, and we'se go for a sprogue in a shandry-dan."
"Sek breks!" said Betty. "An' when we git back I'se mak' ye a singan hinny."

                                          H. C. DUFFIN.

GIT AWAY HEAME TA THEE MUDDER!

By JOHN SEWELL

From the Dialect Poem Competition held at the Cummerlan' Neet Celebrations on Saturday, 12th October, 1935.

Thoo needn't chess me up an' doon ivvery neet
  When Ah gah doon by t' beck for a woak,
An' Ah wish thoo wad nobbut keep oot o' me seet
  Wid thee big glapey eyes an' daft toak.
Thoo may rackon thesel gaily smart in thee way,
  Bit thoo's like a ship wantin' a rudder;
Tossen up an' doon as if thoo'd gitten flay,
  Seah git away heame ta thee mudder!

Ah doon't care a frap hoo much brass thoo's in t' bank,
  Better far than punds, shillins, an' pence,
An' braggen an' sec like, an' tryin' ta swank,
  Is a smatter o' gud common sense.
Thoo hesn't a singel wise thowt in thee heid
  Ta toak aboot this, that, or t' tudder;
·Sec a maizlin' as thee wad be far better deid,
  Seah git away heame ta thee mudder!

Thoo may tel meh my cheeks are as reed as a choop
  An' my eyes blue as t' sky up abeune,
An' Ah's t' bonniest lass here in t' countryside groop,
  Ah'd like thee ta ken—varra seune
Ah's gaun ta wed Tommy, t' heid coo-man at Grants,
  My luive for him thoo'll nivver smudder,
Seah, if, as thoo ses, it's a woman thoo wants,
  Just git away heame ta thee mudder!

SWEET JANE FRA KESWICK TOON.

Young Bobby Todd fra Codbeck seyde,
Was sairly fashed wid luv.
He cud'nt land a sweet bit lass;
Ne matter hoo he struv.
He waas fair o' feace an' weel med teä
An' aw o' six feüt heigh,
Cud wrussel an' dance an' sing a song;
Wid t'best roon Co'dbeck weäy.

His fadder an' mudder beath war deed.
An' sisters an' brudders wed.
He'd a greet big farm an' sheep forbye
But t'lasses wadn't be hed.
Sez he: " Ah'll gan ta Keswick toon
An' see the lasses theer.
For ah's sick o' beän se lonsome leyke—
An' ah's thurty cum t'new eer ".

See off ta Keswick toon he went.
Ya setterda' i' June.
An' med for t'dance be Greta seyde
A' whusselan a gey teüne.
Thur war lassess theer, fra far an' weyde.
Aw drist up in thur best.
An' Bobby gat his e'e on yan—
At stud oot fra the rest.

See taw an' dark an' bonny leyke
Wid shep leyke t'willa wan'
He up an' axt hur fur a dance.
An' sha danced see leet an' gran.
Wen t'was ower Bob axt hur neäme.
An weer sha lived an' aw.
" Me neäme's Jane Bell, fra Greta seyde "—
Sha whuspert soft an' low.

He'd set hur heäme if sha'd a meyne,
" Sweet Jane " he cawt hur then;
An' set hur heäme he did that neet,
An' a canny few teymes sen.
Weel t'spark waas lit, ta Keswick toon—
Oft Bobby teük his weäy.
An' woo't sweet Jane fra Greta seyde.
An' weddit hur in t'May.

Noo wan Thur' sitten doon ta teä.
At t'farm on Codbeck seyde.
Wid bairüns eight—that's fower o' each.
Bob leüks aroon' wid preyde,
He thanks his God an' claps t'weyfe,
An' kisses t'bairüns roon,
An' caws aw blissens on hur heid.
Sweet Jane fra Keswick toon.

Mildred Edwards.

WEDDING PRESENT

(Harold Forsyth)

Dear Fargy: Wat, thoo's gitten weddit!
 Ta laal Cupid's arra' thoo's fell!
Sec things cum ta pass, bit thoo's gat a gran' lass -
 Ah cudn't deuh better misel!

Thoo varaneer puts me in't nwoshun
 Ta tak' t' plunge - a lock o' fwoak dis;
Bit takken a weyfe - wat, it's mappen fer leyfe'
 Nay - Ah'll tak' nea hurt as Ah is'

Ah whopes 'at ye beath'll be happy
 (If happy, tho' wed' ye can be);
Ah cannot say mair, bit, honest an' square,
 Juist tak' this laal prisent fra' me.

Ye beath ken th' wish 'at gaas wid it;
 'Tis oald as Oald Skidda', nea dooubt:-
"May t' reeaf o' yer laal bit hoose nivver fa' in,
 An' t' fwoak below nivver fa' oot'"

COOMAN

by Ian Pearson - NORTH CUMBERLAND.

Fust thing int' mwornin, aroon six o'clock
Therst blare of a coo, ort crow ov a cock
Thoo oppens thee eyes, thee fust thout is wark
Si thoo lowpts oot o' bed, an puts on thee sark
Then't flooer bwoards, gis a few creeks
As thoo lifts up thee legs, to pull on thee breeks
Gah doon stairs, leyke an auld nag
Hev a goo cough, then leet a fag
Put ont' wellies, cap ant' cwoat
Thoo leuks leyke a scarecrow, an smells leyke a gwoat
Oppen t'dour, an lekk inte t' yard
Theer's nowt but watter, it's rainen si hard
Te fetch int' kie, thoo let's oot auld Bet
En gaas te t'field, an oppens t' yet
Gis a greet goller, te shoot ant kie
An says te auld Bet, "Git Away Bye"
She gaas hauf way roon, then needs e whistle
Tauld lass hed stopped, te' watter e thistle
Bring thum aw yem, trailen threw t'mire
Then tie thum up, when the git into t'byre
Git thum sum ceayke, giv thum aw a few bits
En e' bucket e'watter, te wesh aw ther tits ·
Put on t' clusters, en milk s'flowen a'main
But thoo's left peype oot et'tank, its runnen doon t'drain
Thoo gits things put reet, en gis a greet sigh
Carries on wid t' milkin, en gits a teyle in t' eye
Than wid thee feace, covered in green,
Thoo teks off thee cap, te weype it clean.
Wheyle milkin a coo, wid a sare tit
Thoos varra careful, te watch her hin fit
But wen tekking oft clusters, t'oald lass lets oot
Nocks off thee cap, just missen thee snoot
When thoo gits finisht, en got meyaste e t' yield
Thoo lets them aw oot, an teks thum back to t' field ·
Then back to t'byre, thoo kuz in a hurry
Sweeps it aw up, an teks oot t'slurry
Wesh it aw oot, wid buckets e watter
An thoo slips in t'greupe, an kuz sek e clatter
When thoo gits up, it's easy te tell
What meks cooman, hev sek a smell
Then to wash t'cans, wheyle watter's still het
Thoo gits thee hans clean, but thee breeks aw wet
But what dis it matter, thoo diz'nt kare
Thoo got wet a' foor, what's a bit mair

In for thee brekfust, hing thee cwoat on a peg
E Basen e poddish, then a boiled egg
E'ftert brekfust thoo stops thee rushen
Thoos that full o' puddish, thoo feels fair brussen·
But it's nee good stannen aboot
Wid caulves ter sarra, en bull te muk oot
Ga roon t'fields, te see au t' young stock
En try t' git back, aboot ten o' clock
But in yah field, theyve aw gon estray
They've gitten threw t'dyke, intut neighbour's hay
Si es fast es thoo can, aw be theesell
Thoo gits thum oot, efoor he play h--- warr
Then men t'gap, that they hed meyde
Wid posst's en rails, barb wire en speyde
Its still pooren doon, en thoos aw wet thru'
But thoo hess t'stop oot, t'caulve e coo
Thoo git's her caulved, an beyathe's awreet
Si thoo leaves thum oot, till nearer neet
Gah inte t'hoose, te git thee hans clean
En missis shoots, "Thee Dinners Cauld-Where's Ter Been
Then efter t'dinner, back inte t'rain
Clean e blocked spoot, then rod e drain
Put e new heed, in thee brush shank
En t'milk's just gon, si wesh oot thee tank
Fetch t' coo en cauf in, put cauf in a hull
It won t'need sarred, it seems te be full
Thoo leuks e t' coo, she cud e been smarter
Cauf must hev sooked, she's leet uv a quarter
Then mek sum mashthavva, te feed te t'auld bull
En if there's any mare teyme, muk oot e hull
When it git's t'hauf past three
Thoo gis ower en hess thee tea
Then thoo's back tu t'seayme auld chore
Whether it be hail, rain or snaw
Te milk them auld coos, thoo gits in t' gear
Seven hundred en thirty, tymes e ear.

The moral of this surely must be
Whoa wud milk coos?

Nut me! ! !

This poem was one of the winning entries in the Cumberland Dialect Competition organised by the Rotary Club of Silloth in the Autumn of 1977.

Gah an' See for Thesel

By OLIVE WARWICK.
NORTH CUMBERLAND DIALECT.

Tudder neet we were discussin' wedder it was better teh hire a man at Carel, or advertise in t' local peaper. Oald Tom was sitten in t' cworner takken o' in as usual an' sayin' nowt teh neaboddy, when o' ov a sudden he chips in an' says:

I think I'd better tell the' aboot ya' fellah what came to t' seame spot whoar I was yance hire't. He was yan o' them bettermer swoart whoa thowt any feul knew o' aboot farmin'. What possess't t' maister teh git a fellah leyke yon beat me.

Afooar he cum, t' maister cud dui nowt else but crack on him. See a yan hed nivver been on a farm, sed t' maister, an' we seun fun' oot he was reet, but nut in t' way he thowt. T' maister sed he hed gitten yan as wad mannish aw his affairs, yan 'at cud make oot t' income tax peapers an' run t' pleace hissel. T' fellah hed sed 't wasn't seah much t' wage 'at he was cummin' for as t' experience, as he caw'd it.

Weel, he landed up ya Munda' efterneun in his own motor car. He hed spats on an' an eyeglass. Ye wad teh gudness hev thowt 'at his britches hed been under t' rwoad rwoller. By gocks, see a toff!

He gits oot o' his car, and, fiddlin' aboot wid his menocle, he surveys t' scene, as t' stwory beuks say. At furst I thowt he was yan o' them Gover'ment inspector chaps, but he cudn't hev been yan o' them, 'cos he hedn't a lad wid him teh carry his laal bag. Seah I gahs up tull him.

"Haw, haw," he ses teh me, "I ham your new farm manager. Just run my c'har hinto the garahge."

"Hee, hee," I ans'ers back, "We hevn't a garridge."

Frae that moment o' teyme, as t' orators say at t' election meetin's, I cud see that fellah and me warn't ganna git on weel tegidder.

He caw'd me a hinsulent fellah, but I've been caw'd wayse nor that in mey teyme.

T' mistress cum an' telt him 'at t' maister hed gone teh Carel auction, but wad be back any minnit. When he telt her whoa he was, she leuk't at him and than at me. I cud see she wasn't sarret.

"Cum an' sit thee ways doon till I mak' the' a cup o' tea. Ye'll hev cum a lang way, hes thoo nut?"

"I—er—have just run over from Manchester," ses t' swell, putten his monocle straight an' screwin' his jaws at t' seame teyme. "What beastly bally hills you have in Cumberland. Never met one I could not get up on top till I came hinto this-er-half civilised county."

"Hoaf civilised, indeed" ses t' mistress. "I'm thinkin' thoo'd better hev stopp't whoar thoo was at. Thee toon twang won't dui for honest Cummerlan' fwoaks. Thoo mun keep a civil tung in thee heed, young fellah."

T' mistress meade it her business to meet t' maister cummin' alang t' rwoad heame.

"Whoa's yon fop thoo's gitten as ooar heed man?" she aks't him reet off.

"What's wrang, me lass; hes he cum?"

"Hoo did teh git hod o' a fellah leyke yon?" She caw'd nim warse neames than I wad leyke teh tell the.

"I ans'ered his advertisement. He sed he waur a' agricult'ral student 'at hed diplomas an' just wantit teh hev a few months practical exper'ence o' farm mannishment."

If thoo'd lis'en teh me, yeh oald feul," ses t' grey meear, "Thoo'd gah an' hire o' thee sarvants at Carel, an' than thoo'd see whea thoo's gitten. Yonder he is bladder'n aboot Jethro Tull's undergroon pastur', summat he caws nitrifying bacteria an' t' effect o' nitrogen-fixing bacteria on leguminous plants. What that hes to do aboot a farmhoose I divvent ken, an' I's not ganna trooble teh fin' oot. He might hev agricultur' in his heed, but he hesn't strength teh chop turmets for t' sheep. See a peale feac't weaklin' as I nivver clapp't eyes on."

Efter t' mistress hed led off at sum tune—she hed mair scheuiin' than an odd 'un, an' cud imitate t' johnnie teh a T—t' maister gahs intul t' hoose teh see him.

I coud see t' maister wasn't suitit when he hed t' furst leuk at t' fellah.

They hed a lang confab, an' t' new heed man was duin maist o' t' toakin'. Furst, he wantit to know whoar t' office was. What d'ye want wid an office on a farm thinks I teh mesel', and I let oot a bit ov a titter. Than he should want a typist to wreyte his letters. An' did t' maister hod a confarence o' his staff—he caw'd as his stoaff—ivvery mwornin' and neet teh see what hed to be deun an' what hed been deun? Than he hed a system o' clockin' on, and teyme sheets 'at he cud recommen'. He wad set up a laborrotory, or summat leyke that he caw'd it, for microscopical exam'nation o' t' grun' and seeds an' see leyke.

T' maister was fair flabbergastit, seame as I was, but when he gat his second wind, as t' sayin' is, he aks't t' fellah if he cud ploo, as ther' was a few yakker to be turn't ower reet away, 'n' seuner it was deun t' better. Ye hed nobbut teh leuk at t' fellah teh see he hed nivver shuv't a speade in a back gardin.

"I—er—think we might—er—engage a ploughman for next week," he telt t' boss. "I'll ring the—er—Employment Bureau Manager—er—up on the 'phone."

I cud keep it in neah langer. I laugh't reet oot. But t' boss was in neah humour for laugh'n.

"What can teh dui aboot a farm anyway?' he aks't, sharp leyke. "Can thoo sow, mow, shear, thresh, deyke, milk, kurn, muck a byre, or owt?"

I thowt to mesel' 'at Watty frae Croglin was a varst deal mair use on a farm than you fellah wid o' his microscopes an' laborrotories an' spats.

Ye shud hev seen t' fellah's leuk when t' maister menshun t aboot muckin' t' byre. He hedn't cum teh dui meniai wark, be ses. He was ganna be an estate agent by professhun, but he hed mair "Haw, haws," than a Minister o' Agricultur'.

T' upshot was t' maister an' him agreed ther hed been a misunderstann'n, an' seun efter he drove off in his car.

Whenivver t' hiring teyme cum roon' for lang efter, t' mistress wad aks t' maister if he waur ganna ans'er any mair adverts or gah tull t' hirin'. "Thoo gah tull t' hirin'," she wad say "An' thoo'll see what thoo's gitten. Monocles are neah use on farms. Diven gah gropin' for things at neet widout a leet. Anyway, whativver else thoo may dui, gah an' see for thesel affooar thoo taks on anybody."

Hoo Ah Gat Mixed Up Wi Plooin an Treshin

by Arthur Watson — East Westmorland

When t' Second World War brak oot i 1939, t' Guvernment myard a plooin order siy iveri farmer int Brough district hed ter ploo aboot three yaccer er land oot. Myast a them sew it wi havver, an heven ter use a fiddle drill, they hed a gey crammel ower t' gert ruff furrows.

Anyway, it was a gey het summer i 1940 an as syern as haytime was ower, t' farmers wus scratten ther heids aboot hoo they war ganner git ther cwurn cut, cos Bob Thwaites hadent extended his activities tert Brough area then, yer mun understand.

Anyway, mi father an twea of his neighbours gat ther heids tergither an bowt a Samuelson reaper. Ah'd nivver seen yan afoor, an being totally innocent, ah thowt summat wid mair ner yar seat ont must be a grand labour savin instrument; Ah syurn gat that idea put oot o mi heid though! When t' havver was riddy fer cutten, we oiled t' reaper roond, sharped t' knife un pot it in, yoked t' hosses in bi stappen t' breast powl ter ther braffiin, an fastened t' cryerks on t' trace chains on ter twea swingletrees, an t' driver sat on't left hand seat while anuther feller sat on't seat ower t' big reaper wheel wid his reet fut in a stirrup that was fast tuv a heck that was immered across t' back uv t' finger bar an carried a gurt flairsome lucken ryark across his knees.

Noo, when t' operator pushed t' stirrup doon, he fetched t' heck up, an when t' hosses pulled t' contraption intert crop, t' cwurn fell back onter t' heck, helped wi t' shaffen ryark, an when ther was aboot as much as wad mak a shaff, he lifted his fut siy t' heck fell an he pushed t' heap off ontert grund an repeated roond an roond t' field. Noo, at this point ah gat sadly disillusioned, cos ort shaffs hed ter be tide bi hand wid a few stalks poowed ootuvt shaff an then hed ter bi set oot uvt ryurd uvt reaper cummen roond next time, an it tyerk aboot six fwurk tur keep t' hosses up t' braffen.

Well, t' weather was aboot like what we hed fort Morecambe Bay an' Masham Steam Rallies last yer, siy we gat a gey gud warmen. When t' platt was gitten ter be aboot seers we cud see t' hosses cummen doon tuther side, mi father warns us that ther might be be a rabbut er twea in amang it. Nea boddy hed fund oot hoo ter spell myxomatosis i them days, siy ther was a gey lot uv rabbuts runnen aboot, an· they wur reet vallyable.

He telt us that, when t' finger bar twitched ther backsides, they wad bolt oot an nut beein used tert shaffs, was be hopelessly lost. He telt us ter run them doon and kick them on't head. T' dogs hedn't ter be used cos they might damage t' flesh an as Dolse Alderson was payen ninepence (3p) a cupple, we hed ter be varra careful ter hev gud clean corpses. Well, yar rabbut shot oot, reet agen us, an mi father set off after it an punched it wid his clog, then Ah gat t' hang on it, anbeein a styarn leeter than Ah is no, Ah helped ter mak sure that nin gat away on oor sideuv't platt.

When we'd gittent platt hagged off an't hosses loused oot, yan on us panched t' rabbits and away to Dolses ter cash them afoor they gat ter stinken, an than we divided ort munney oot. T' rest on us hugged ort shaffs inter 8's on every fifth wheel mark an set them up on ther butts wid ther heids tergither i stooks fyarcin North and Sooth, se as they gat t' sun on owther side ya end uv t' day or t' uther.

Well Ah thowt that wasn't ower bad an' we wad syurn dyer tuther two platts but when we hed a wash that neet, Ah fund mi arms was reet sair. When ah telt t' old feller, he hed neah sympathy for us. He just sed, "Ay thool larn i time ter keep thi kitle on." Well, bi t' time we hed cut ort nine yaccer, an gittin it stooked up, ah was just aboot gitten t' use uv mi back mussels reet agen. Leeden t' cwurn was a bit uv a doddle, we just butt-welted t' stooks see as t' bottoms gat dry then we led them on't cart wid t' shilvins on ter where we thowt t' thresher cud git tyer. We med t' stack bottoms oot uv dyke slashins an odds an ends uv aald wud, an med sum tidy larl roond stacks aboot ten fut atween.

T' main thing was ter keep t' middle full an' as they settled, gravity had its wicked way an t' stacks got lobsided, siy we hed ter put props in. Mi father sed if a stack didn't slip, owther t' middle hedn't been kept full enuff ort streea wasn't dry enuff.

When t' War Agg thresher cam roond, t' band cutters hed ter sharp ther knives ter cut t' streea bands, ther was a lot mair band ter git thru. They grummelled a bit, but we gat t' yal operation ower gey tidy, Ah thowt. When it kem ter tying in time, we used ter fodder t' streea at neets sea as t' beese wadn't see what they war chawen at, an' t' owd hoss seemed gey set up wi a hanfull uv havver at lowsin-oot time!

T' Milken

by Len Hayton

I gat up gay early yan fine Summers morn,
Mi he'ad hardy wak-ken, it was nobbut just dawn,
I loupped oot a bed and gloor'd oot to see,
If o' our milk bee-us were waiten for me.

Ther was some craken in't Hen hoose, an't Cock-rel
    he sang,
While doon Foxthwaite Gussing,
Morning chorus fair rang.

A thowt it was se'an to waken up't Wife,
Cos she helps saara coves,
She's a gay busy life.

So a went oot tut closet in't fresh mornin air,
If thou leuks till priorities,
Thou hesen't a care.

A loused doon mi gallasses un gat on wi mi job,
While a whistled for't Farm dogs,
Either Lassie or Bob.

But it was our old Tom that cum herpling roond,
So a whistled un sent him into laa groond.

While Tom brought bee-us up intilt byre,
A went inta kitchen un kinnelled up't fire,
I filled up't black-nannie an hinged it on't crane,
Then mixed our poddish an went back again.

O't coo's in each skelboose were chowing thur cud,
Divided bi t' red stake — a gut pow of wood.
I clattered up shuppon we mi coppy un pail,
An loupped intill gang — or 't skelboose rail.

Ah gev em some cake an a lisle bit of hay,
Cos they let doon thur milk far better that way.

At milkin-side on mi copy a sat,
Whils't bucket a held between mi rough brat,
A soak'd and eased at every pap,
'An coos stood contented — un some hed a nap.

Ye can git turble cravvict't,
Sitten milken a cow,
Thur were ne-ar fangled machines,
Sick us farmers hev now.

But I'll tell oh you fellows who sleep in til nine,
To git up at five and then milk o thi kine,
Is better than liggin an laken wi't wife,
Cos it sharpens thi muscles and calms o thi strife.

For while I was milken our hens hev bin fed,
Un't missus has gitten oat-poddish weel med.
Ham un fresh eggs we be-ath can enjoy,
It's alus bin se'am sen I was a boy.

T' RAT HUNT (W. Cumberland Dialect)

By ELIZABETH BIRKETT.

AAH mun tell ye aw aboot t' rat hunt 'at we hed in t' granary last Monday. Ye know, oor Methoosaleh fairly detests cats, seah when t' new gamekeeper shot yan, an' annudder was catched in a' rabbithing, he was gey pleased. Bit Aah wasn't. Aah like mi cats. If ye nobbut give them a sup milk at milking time they'll catch aw t' virmin on t' spot. Wey, t' rats mun hev known 'at cats was deed, 'cos they flocked intill t' oald loft amang t' corn an' meal.

Yah morning, oor Methoosaleh says tull meh, " Martha, lass, we'll hev te git them War Ag. rat catchers in. Theer thoosands o' rats up' theer." " Varra weel," Aah says, " thoo hed best send for them." Aah set nowt bi these cock-me-denties 'at sets thersels up te catch varmin."

Yah day he landed, a lang, thin skinnymelink, wid aw maks o' boxes an' poaks. Aah thowt te misel, " Thoo'll catch nowt bit a bad coald." Aah says, " Is thoo t' rat-catcher mi lad ? " Gox-on, he fair coloured up, an' says, " I'm a pests officer, Mrs. Huggins."

" Loave-in-days," Aah says, " Dista catch mowdies an' aw ? "

" We *do* catch moles, Mrs. Huggins," he says, gey ceul like.

Pests officer, awuvver! When Aah was young they were aw rat-catchers an' mowdie-catchers. T' young fwok's gitten that swanky noo-a-days they've fergitten hoo te toak English.

Wey t' pests officer laid his oald poison doon an' tellt Methoosaleh at t' rats wad aw disappear. Oh yiss! T' rats went awreet, bit t' stink didn't. Theer mun hae been deed rats aw ower; under t' flooers, in t' waws an' on t' reuf. Noo, Aah cared nowt. Aah was gey pleased 'es at t' finish Methoosaleh says, " Martha, lass, thi cats wadn't hev mead sec a mess. We mun hev some fresh 'uns."

Bit that was easier said ner done, seah when t' rats started comin' agean Methoosaleh says, " We'll just hev te fetch Joe Jackson wid his tarrier an' hev a rat hunt."

Seah next Monday Joe com an' fetched his laal ginger tarrier Rex, an' by gox. if he didn't fetch three visitors wid him frae Lunnon, two lassies an' a pale-feaced young fella.

" We've come to see the fun, Mrs. Huggins," they says.

"Nay what, bit theer'll be neah fun, bit plenty hard wark," says Aah.

Up t' granary stairs we went, gaily quiet like, seah as nut te scare t' rats. Dar, it wad tak summat te flay yon rats. They were t' brazzendest yans at ivver Aah saw.

As seun as we aw showed feace at t' top o' t' stairs, theer was see a scramally—rats fleein' aw ower, intull t' barrels, intull t' winnerin' machine, on t' boaks an' runnin' alang t' sleats. Oor Methoosaleh set hissel wid a shovel at yah end o' t' granary, an' gev aw t' visitors a thivel apiece an' tellt them te watch t' barrels.

Than Joe Jackson set t' tarrier off. It was a wick yan that. It up ower a barrel top 'ev a nick-nack an' oot jumped a greet rat t' size ov a grown kittlin, reet ontul t' lad's shoulders. 'Stead o' stannen still he lowped aboot like a cat on a hot girdle, shootin', "Take the thing off." He was still shootin' lang efter t' tarrier hed catched t' rat.

Aw ov a sudden Joe Jackson stood up straight an' leukin' gey queer like. Than he grabbed his leg and says, "Theer yan up mi britchy leg, Methoosaleh. Aah mun git it doon or mappen it'll bite meh." That un was easy gitten shot on.

Bit Aah tied mi frock up a bit higher wid a bit o' Jwohn Robert. It minded meh ov oor last Harvest Festival. Dang me if a wasp didn't crowl up mi skurts an' sting meh in t' middle o' t' sermon. Aah've nivver putten in a miserabler hoaf hoor, nivver. Oor Methoosaleh said Aah should hev come oot an' put t' blue bag on, bit Aah divvent believe in mekkin' a fuss in t' church.

Wey, efter a bit, theer was a laal pile o' rats liggin' in t' corner, bit Aah felt sure theer was yan in t' coaf meal barrel. Seah Methoosaleh set t' lad frae Lunnon te watch. Whativver happened Aah cannut tell, bit afoor yan hed time te turn aboot t' snivelin' was heid furst in t' bin, wid a pair o' fancy shoes stickin' oot. "Gox-on, lad," says oor Methoosaleh, "can te nut stand on thi own two legs?"

Than Methoosaleh pulled 'im oot an' what a mess they were beath in, an' neah mistak, aw meal frae heid te feut.

"Gah on, lad," Aah says, "thi heid's just like a big suet dumplin'. Gah on, an' git thisel cleaned up, an' thoo, Methoosaleh, git thisel dusted er mi good pillow slips'll aw be weasted."

Theer was see a shakkin' an' splutterin' afoor t' two on 'em gat thersels sortit, an' ye med be sure that rat gat away.

We'd just gitten set agean efter t' lad hed gone off te wesh
hissel (he'd hed eneuf o' that onnyway) when t' laal tarrier clicked
at summat ahint a pile o' tin cans an' boxes. Methoosaleh up wid
t' shovel an' dang me if he didn't varra naar fell Joe Jackson. Te
mak matters warse, when Joe lowped oot o' t' way o' t' shovel, he
lowsened cork in t' treacle-barrel an' sat doon in t' sticky stuff 'at
was runnin' oot ontul t' flooer.

"Martha, lass," he says, "Methoosaleh an' thoo mun keep yer
rats or else git some cats. Here Aah is wid mi new cword britches
aw stuck up wid treacle. Thoo knows what t' wife'll say. Hooivver,
we'll catch this rat or Aah's a Dutchman."

Efter a lock o' jumpin' an' bangin' wid t' thivels an' t' shovel
t' animal was liggin' deed on t' flooer. Joe Jackson says, "Come
on, Rex lad, we'll be gaan yam till Mary Lizzie if we nobbut darse.
Aah wadn't hev't said 'at a rat hed bet meh."

"Wey, Joe lad," says oor Methoosaleh, "it hes. Yon's nobbut
a moose."

T' SARVENT LASS

She com teh t' farm yah Whissenday—
Naar forty 'eer sen, noo—
A stroppen lass, built reet frae t' grun',
Sye-tongued—reed-heedit, teuh.

A varra useful lass, thowt Joe,
Just reet fer ootside wark;
Et yance he hire't her, gev her t' yerls,
An tell't her when teh start.

T' start com aw reet—trust Joe fer that!—
T' lass wondert when twad 'en',
Fer Joe druv sarvants just es hard
Es t' bargains m'yadd in t' pen.

'Twas " Bash away mih lass, mih lads,
An Ah'll shut t' yats mihsel!"
Till t' lass t' yann t' reest, an, flaren up,
Detarmin'd she'd rebel.

" Yah thing Ah might e' left et yam!"
She flang at him yah day,
" What's that mih lass, what's that?" sez Joe,
Cop't, rayder, what teh say.

" Well, mih behint!" t' lass blurtit oot—
Nin dantit, nut a bit ont—
" Coz nivver yance sen Ah com here
Hev Ah hed time teh sit ont."

VISITORS AT PURLIN' STEANS.

By ELIZABETH BIRKETT.

Noo we're oalas hevvin' visitors at Purlin' Steàns; hikers, holiday mekkers, townsfwok 'at nobbut comes i' summer an' expect fine weather ivvery day. Tramps is often knockin' aboot an' aw. Oor Methoosaleh dissent encourage sec like. They med be just as weel workin'. T' barns frae t' village often come up an' by gox they whiles deuh a bit o' damage if neähbody's watchin'. We hed t' vacuees in wartime, an' noo, fwok frae abroad wantin' cream teas or ham an' egg suppers, an' than, aah varra naar forgot we hed hundreds of them prisoners frae t' P.O.W. camp near here. Aah'll tell ye aboot a few o' t' fwok 'at comes here.

Yah day, Oor Methoosaleh an' me was busy in t' hayfield. It was that bad summer when yan could hardly turrn roond bit t' hay was wet ageàn. Wey, in t' middle ov sweepin' up some nut varra gud stuff, whoa should land bit t' milk inspectress, a laal dolly body 'at wad hev been better wid a tennis bat in 'er hand, yan o' them yussless fwok. She hed te see ivverything, bit she fund nowt te grummle aboot, seah aah says, " It's a wonder the heeups canna find ye owt yussful te deuh, comin' bodderin' fwok 'ats workin' shoort handed. Methoosaleh an' me can deuh wid another pair of hands to-day, seah, if ye like, ye can come up till t' hay field an' give us a hand." That set 'er off aw reet. Ye see, they set nowt be real work, they just like te mek other fwok deuh t' horse work. Bit last summer was grand an' we hed sec a lot ov visitors aboot.

Aah mind, yah fine Setterda, we were workin' in t' hayfield. It was t' last field an' we wanted it finished afoor Sunda. Wey, amang hands, up lands three hikers. They were varra naar melted wid them greet packs on ther backs. Wat they want wid them greet loads aah doan't know 'cos Oor Methoosaleh can carry aw he wants for a day's shipperdin' in his pocket or tied up in a pocket neckleth. Bit they mun carry nowt te eat. Ye should just hev seen t' stuff they put oot o' seet. Wey, aah hed te start beàkin' at neet.

Efter they'd aw, panged thersels full aah says, " Noo, wat deuh ye carry them greet packs for?"

" Well, you see, Mrs. Huggins, we carry a change of clothes, washing materials, maybe a book to read and other necessities like choc. biscuits and so on."

Aah'd nwoticed him comin' up t' lonnin', a laal thin-legged thing, fair saggin' at t' knees, an' aah thowt he mud hev been better at yam. They decided they wad like te help in t' hayfield, seàh aah thowt they med help to reàke up. Ye see, Oor Methoosaleh an' me dissent hev t' new-fangled tools fer haymekkin' . . . we deuh it aw oorsels an' t' hay's hay when we've finished.

Wey, they aw gat a reàke apiece an' started. Gaw bon, aah nivver thowt theer was sec dunderheeds in t' world. Ivvery man jack on them was gahin' backwards, varra naar tummlin' ovver their own feet. Nowther Oor Methoosaleh 'er me could reet them, bit they did reàke up t' field, bit they aw hed blisters on ther hands the size o' thrippenny bits.

Yah dav aah was gey busy. We hed t' clippers in an' it tuck me aw mi time te git them fed. Just when aah was riddy te set t' dinner oot a rap comes on t' door.

" Dar bon," aah says till mesel, " whoa can this be?" bit aah straightened mi coorse brat an' went te oppen t' door, an' a tramp body (he'd nivver been weshed sen t' flood bi t' leuk on 'im) was stannin' theer. His hair was like t' byre besom, tufts stickin' oot aw ower an' aah couldn't help but laugh. My songs he was mad an' started sweerin' . . . words aah'd nivver heerd afoor, an' a lock o' nonsense aboot ungrateful fwok, seàh aah says, " Wey, neahbody ast ye te come."

At that he fair danced seàh aah shut t' dooer an' locked it, 'cos aah mind yance Bella May Jane Thompson gat a bonny flay wid a gannin' body. He pushed past 'er intil t' hoose an' if t' sarvant lad hedn't just come in she med easy hev been kilt or murdered, yan or t' other.

Noo Oor Methoosaleh isn't yan for much toak bit when he
diz say owt its reet. Aah mind yah day we were busy in t' worchet
an' up comes a fancy Tom-Noddy wid low shoes, creased britches
an' wat they caw a sports jacket (a tweed cwoat ye know) an' hair
stuck tiv his heed wid scenty ointment. Antimacassers should
nivver hev gone oot ov fashion 'cos t' men nooadays is warse ner
t' women for stickin' grease on ther hair. Mind aah still keep mi
chair backs covered wid antimacassers. Wey this cock-me-denty
leuked 'at Oor Methoosaleh an' likely thowt he wad tek a rise oot
on 'im, an' he says, " I can't think why you live here. Buried
alive I'd call it."

Oor Methoosaleh nobbut puffed his pipe for a bit an' then
says, " Man it's grand here. Leuk at them fells, an' them sheep,
an' aah's warned ye hev nowt te bang them in t' toons."

" No, but you know you should come to the city to see the
sights." Oor Methoosaleh poked t' dottle oot ov his pipe an' says,
" Theer's neàh need lad. They come, they come."

But aah mun tell ye aboot t' student 'at com te Purlin' Steàns.
He landed yah tea-time an' when he saw t' potted meat sandwiches
an' t' brandy snaps an' sponge ceàks an' things he fair goaped, bit
he hed a good tea, an' than Oor Methoosaleh set 'im te wark. He
says: "Noo lad, thoo mun fergit aw thoo's been tellt at Newton
Rigg. Dosta know owt aboot milkin'?"

" Oh yes. I've brought my own togs."

" Wat's them," says Methoosaleh.

" My white overall and cap."

" White overall an' cap," says Methoosaleh, " thoos gahin' te
milk coos, nut nurse somebody. Thoo'll flay mah coos if thoo
gahs intill t' byre like that."

At t' finish Oor Methoosaleh let him don his cleàs 'cos he saw
he was flayt ov muckyin' his fancy britches.

Mind he could milk awreet. Wey, he could deuh meeast jobs,

bit nut widoot sec a lock ov palaver. Ye should hev seen 'im when they com back frae gedderin' on t' fell. He was just aboot foondered, an' steed ov' buying hissel a pair ov turned up nebbed beuts for shipperdin' he nobbut hed them clarty Wellintons, an' he hed whols in his stockin heels bigger ner saucers.

" Eh lad," aah says, " thi mother'll hev a job wid them   Thoo should buy thisel a pair ov beuts like Oor Methoosaleh's"

Wey at t' finish he did an' he could travel t' fell aw day an' nut hev whols ner be si exhausted at t' finish. He yused te write yam an' he hed a laal beuk 'at he used te write in. An' yah day he left it behint 'an aah hed a leuk inside. It was full ov advice 'at Oor Methoosaleh hed given 'im, t' beuts an aw were in't.

" Aah'll mak a sheep farmer on the yit," Oor Methoosaleh tellt 'im.

He could mannish meeast jobs wid t' sheep; cleanin' maggots, parin' feet, dosin' fer t' staggers, helpin' a lambin' yowe an' sec like, bit t' fun was on when he was gahin' te clip. Mind he was willin', oh yiss, he was varra willin'.

Wey he picked on a greet sheep 'at hed been a pet lamb, an' she hed a good bit ov Old Nick in 'er, an' it wasn't lang till ower went t' student on his backside, an' t' sheep was runnin' aw roond t' yard wid a lang trail ov wool hingin' at 'er.   But mind, he catched 'er hissel an' finished clippin' 'er. His clippin' aside Oor Methoosaleh's was kinda like Johnny Jim Mossop's hair cuttin' ageàn t' barber's.

When t' war was on we hed te grow taties . . . nobbut a a weeast up here.   T' barns were given holiday frae scheul te help wid pickin'. Oor Methoosaleh hed an army on them, an' for a bit they worked hard.   Than they started ther antics.   Taties was fleein' aw ower t' field an' some o' t' barns started bubblin'. Oor Methoosaleh gat amang them tho' an' kinda restored order. Bit next eear theer was varra naar as monny catchcrops as ther hed been reet 'uns this eear.

T' vacuees were t' biggest farce. They com in droves,

mothers an' aw   Aah think they thowt it was a holiday for nowt. Aah hed a laal feckless body wid a lang string ov barns trailin' ahint an' carryin' a laal 'en.   Wey, aah mind t' furst Sunda. Oor air raid warden mud hev been hoaf rocked aah thowt. T' alarm went an' he sent that peer body fleein' back yam till Purlin' Steàns as if Oad Nick was efter 'er.   Wey aah was nobbut misel at t' farm, an' aah hed aw te deuh for them lot.   Mi good mattress an' beddin' hed te gah doon t' beck efter they went away. That oppened my eyes till t' fwok frae t' toons, aah can tell ye.   Mi mother oalas said at' muck menses nowt bit t' middeen.

Bit theer's other visitors 'at nobbut come efter dark.   When neet comes doon ower t' fells an' aw's quiet 'cept mebbe a sheep bleatin' 'er a fox barkin' 'er an owl hootin' in t' wood, an Oor Methoosaleh an' me's stannin' under t' apple tree in t' worchet, aah think ov aw t' fwok we yust te know lang sen 'at's nut here noo. They come back, varra naar, bit aah oalas feel 'at it'll nut be seàh lang afoor Methoosaleh an' me's nobbut twileet visitors at Purlin' Steàns.   Aah hope 'at t' next tenants is hoaf as happy as we've been.

Wey t' coaves is waitin' te be sarret seàh aah'll hev te leeve t' rest o' t' teàl till anudder day.   Visitors!   Aah could toak till Doomsday aboot them an' still nut finish!

WOT PRICE YER GRASS

Jim Pallister — North Westmorland

Courtesy of the Cumberland News

Ya day, it was Tuesday an' "Peareth" was thrang
As folks twa an' fro to t' Market did gang
The' were farmers an' women that hed come ower t' moors
Were stannin at t' drapers, shop windas an' dooers
Like starlings they chattered, but main er their gas,
Was aboot t' high cost o' living, an' WHAT PRICE YER GRASS ?
Twa women Ah spied ootside o' t' Fine Fare,
Discussin t' grass lettings, indeed the' were a pair,
Said Molly to Lizzie, "What sec a do?"
"A good un," said Lizzie," We're up t' price of a coo."

"By gum, lass, yer can't beat this "grass lettin' " way,
Its a gay lot easier than when we used to mak hay!"
"Aye, well noo, Ah'll etter be garn," said Liz,
"Oor boss 'll be waiting an' he won't hawf fizz
If Ah's late, "Cos he'll want to be yam."
"Reet Oh than, "said Mol," Ah'll nut hod the' dun,

Oh, bit way though, hoo's thi girt son?"
"Oor Billy? Aye, he's maken loor,
Wid warken on shifts oot at Kirkby Foower,
An in his spare time, he ga'as oot to t' Boor.
To cut t' lawns like mad, wid t' motor mo'or -
Wid t' high cost o' living, ye' can dea wid mair brass,
Sea he maks a bit extra wid t' cuttin' o' grass!"

'Aye, t' auld days is gone las s,
Noo folk hai mair sense
Than rive their insides oot,
Noo they're nut as dense . . . . .
A laal bit o' grass, t' let ivery Spring
· Es aboot t' best investment thi savings can bring;
If ye' hev it" basic - kt" an' "Winter freed"
Ye'll hai nea bother o' letting
To some yan i need."

Notes:

       Kirkby Foower — Kirkby Thore
       Loor — Money (c.f. lucre)
       Boor - Julian Bower (a residence)
       basic kt — Dressed with basic slag

AMELIA'S BATH
(West Cumberland Dialect)
By ELIZABETH M. DENWOOD

' Aye,' sed oald Sam reminiscently, ' ivery hoose noo hes its bath, wid het an' coald watter, but in my young days sec a thing was nigh unhard on.   Amelia Greggins was t' turst ti git yan, in oor village, an' gey prood on it she was.

She tuk lodgers, did Amelia.   Hur faather had left hur 't hoose an' a laal bit o' brass, but nut enuff ta be independent like. In them days varra few hooses hed cold watter in, let alyan het, an' Amelia gat hurs fra a pump in t' yard.   Sea t' naybors advised hur ta hev t' bath pot in t' wesh-hoose, whoar it wad be easy filt oot ov t' setpot, an' sea seave a lot ov carryin'.

But Amelia was varra hoose-prood, an' hed gran' nwotions, an' nowt wad sarra bit fer t' bath ta be pot in a laal rum upstairs, like a proper bathrum.

Theer wad be a pipe fer t' durty watter ta run oot on, an' as fer carryin' t'watter up, t' lodgers wad deuh that thersels. Weel, t' bath com, an' was pot in, an' was greetly admired.   T' lodgers tuk til it like duks til a pond.

Thear war two young fellers, that warked in t' quarry, an' t' village scheulmaister.   T' two young chaps gat grimy enuff ta need a bath noo an' than, an' t' scheulmaister was coortin', an' spent hoors poshin' hissel up.   Aw went weel ta begin wid, an' than the' began ta git careless like, an' wad flee upstairs wid t' watter sloppin' ower on til t' carpit.   Amelia follered them wid a flooer-cloot, but she seun tired uv that, an' it was'nt lang til she tuk ower t' carryin' hursel.

An' that was aw reet at furst, as she was a big hefty lass, allus used til hard wark.   Bit it gat hur doon in t' end, an' she began ta wish she hedn't hed sec high nwotions.

She was gey glad when t' scheulmaister left ta git weddit, an' Joe Baxter com in his spot.   Joe hed bin browt up in t' village like hursel, an' wadn't be likely ta hod wid this weshin' aw ower. That's wat *she* thowt, bit Joe surprised hur.   He set off be assin' if he cud hev a bath ivery weekend, an' ferby that, he sumtimes hed yan in t' middle o' t' week an' aw.   Amelia wundert if he was coortin' like t' scheulmaister, bit he was gittin' on fer fitty like hursel, an' she cudn't think ov ennybody ta suit him roond aboot. Ennyway, she toiled an' moiled, an' gat thinner ootside an' madder in, an' darsent complain, efter aw she'd sed at furst. Yah neet t' young chaps hed gone til a dance, an' Joe an' Amelia hed finished ther supper an' wor sitten whiet like.

Suddenly Joe spok in a varra lood voice, "Amelia?" "' Weel?" sed she, starin' at him, " Ah's nut deef!" His feace reddened, an' he muttered, " Cud Ah hev anudder bath tamorro neet?"

Amelia planted beath elbers on t' table an' feaced him.

" Joe Baxter, is thoo coortin?" she demanded.

" Aye " he blurted oot, afore he cud stop hissel, " Ah's coortin' thee, Amelia. Wilta hev me?"

Amelia was struck dumb, fer yance in her life. It was a lang time sen she'd hed a lad efter hur, if ye cud ca' Joe a lad. Bit, as she gat ower t' shock, it dawned on hur wat a gran' thing it wad be. Wat wid Joe's laal bit, an' hur laal bit, whey, the' cud mannish fine. Nea mair lodgers, nea mair slavin' — " Hoo meny baths a week wad thoo want?" she ast suddenly.

Joe was gey startlt, but he answered eagerly enuff, " Yan a day, if it'll please tha, Amelia."

" Than tho'll cart aw t' watter up thesel," declared Amelia, grimly, " likewise thoo'll fill t' setpot, an' leet t' boiler fire, an' clean aw up next day, Ah've hed enuff!"

" Weel," sed Joe, staggered, " an' me riskin' pewmonia aw them times ta please tha." Then his feace lit up. " Does this mean thoo's gaan to hev me, lass?" sed he.

An' at t' leuk in his ee', Amelia blushed.'

BELLA GAES TILL WHITEHEBBEN AS A DELEGATE
(Dialect of Abbey Holm)

Ah wad just leyke te hev a bit crack wid ye aw, te tell ye aboot t' day Ah was sent till Whitehebben as a Delegate.

Ye kno, Ah consider it was a maist terribel greet honour, te be sent aw that way te represent t' finest Institute in t' County, seah ye may bet yer last sixpens that Ah mead mesel as smart as ivver Ah cud. Pot on me feyne green 'at, wid t' mauve fedder, wat Ah bowt for tuppens off t' Institute stall last munth. An oor Jack ses, " Bless me, lass, thu *is* a masher, thu leuks for aw t' wurruld like yen o' them vamps that they hev on t' picters," he ses. " Dar! thu's hardly seafe be thesel." Ses Ah, "Ah's nut gaen be mesel, t' President's gaen wid me." " Row the cwoat round the'," ses he. " Thu knows Bella thu shouldn't show seah much neck at thy age!" " Oh, hod the' noise," ses Ah, " and git me a puh nwote oot o' t' cannister in t' leyle corner cubbert in t' far parlour. Hurry the' sell up," sees Ah, " for Ah want te sew t' up in me stays for seaftey's seake, an' then Ah mun be slidderan oot o' this, an' off till t' stashin," ses Ah " an meynd on thu leuks for t' eggs, an' divvent forgit that broon leg'orn that lays on t' stack bottom; ay, an' keep t' bairns frae slatteren in t' hen watter. Noo than, Ah's off, Ah munnet miss t' train thu knows on this maist important occashin." " Gud day till the'," ses he, " an' mind thu teks care o' the' sell an' divint forgit te leuk oot o' t' winda an' tell me if thu sees anybody's cworn thru—ay, an' let this be thee last jaunt for a bit, for thu's nivver at yem thee an' thee Institutes, thu'll git influenza next, thu'll see." Ses Ah, "Ah likely didn't get influenze when Ah helped the' te turneip t' yows aw winter. Ah'll tell the' what, Jack, when Ah's deid' an' gone, thu'll nivver git enudder like me," Ah ses. "Well, that's sum consilashin anyways," ses oor Jack. Hooivver, Ah hed ne teyme te argy bargy though he gat plenty o' my tung when Ah gat back.

Well, Ah gits mesel till t' stashin an' met t' President that was gaen wid me, te show me what te dew, an' seck leyke. Gits mesel till t' ticket offish an' ses till t' stashin maester, "Gud mworning, a bit slattery Ah think; singgel ticket till Kurkbride." "Dear me, Bella," ses he, "Ah thout this was t' famous Whitehebben trip." "Ay, an' seah it is," Ah ses. "Its this way, ye see, t' Dockter ses that Ah hev a wake heart, an' Ah meight pop off any teyme, an' as leyfe's unsarten wid t' best on us, Ah thout that Ah wad just beuk fra stashin till stashin, an' then if Ah deid on t' way Ah was now't oot."

We hed a quietish reyde till Carel. Theer war just two farmer chaps in t' carriage for bye oorsels, an' thru their talk, Ah heard that yen of them had a horse wid sare shooders. Nu, Ah cud easily hev tellt them a cure for that, an' if t' President hedn't been wid me, Ah wad, bit Ah wantit te let her see Ah knew what was what—sea. Ah sat me weays quiet.

We just hed teyme at Carel te catch t' Whitehebben train. Ther was fower udders in t' carriage for bye oorsels; a man an' a leyle lad, an' two chaps in specs an' golf sticks, that tawked maist perlite. "Swanks," ses Ah te mesel. Efter that we lissent till t' fella an' t' leyle lad. We were gaen be t' sea shore just then, just outseyde o' Marypwort. "There goes a whale, Dad," sest leyle lad. "No," ses t' fella, "there are no whales in the Solway." An' then he ax't lad a question, "Do we eat the flesh of the whale?" an' he ansert, "Yes." "And what do we do with the bones?" ses t' fella. "Leave them on the edge of our plate," ses t'leyle lad!

Well, at lang last we gits oorsels till Whitehebben, an' efter a lot o' wrang turnings, gat oorsels scraffelt till t' Toon Ha whoar meetin was. Ay, bit seck a crood theer was, an' seck a chang. It was a gay smart room wid pentins of aw t' Mayors o' Whitehebben wid greet gould chains roun their necks an' leuken doon on us as if we war seah much durt. Theer was yen o' Lord Lonsdell in front o' me, an' ses Ah te mesel, Ah ses, " Noo, Ah wunder which horse, thu's backed for t' Derby this 'ear."

T' County Chairman spak first, an' hoo she could rattle away an' tawk—Ah was fair deev't, but loave-in-days, it reely wants a heddicated boddy te understan sec lang words, leyke Federashin, legislashin an' se on. Furst yen got up, an' then anudder, an' thenked yen anudder for sayin what they hed said. Then we aw rushed oot te get a bite o' dinner, but as we war acten smart that day, we caw't it " lunch," what we hed at a shop cawt Batty's, sec a smart pleace, wid carpets on t' stairs, an' pewder plates on t' waas, an' serveteers in glasses, on t' teables, an' bits o' smart lasses te wait on us. T' spot was that croodit, we could hardly fin a seat, or git sarvet. Ah axt a young boddy fower teymes wad she bring me summat te drink an' she said, " What wed ah hev." " O, owt," Ah ses, " thu likes, as lang as its wet," Ah was fair pinen for summat slockenan. After oor lunch we gaes back for t' efterneun meetin, an' hes what was cawt Finnical statement, an' t' doptchen ont, whativver that is, an' than they yattert on for lang eneuf aboot t' workings of Institutes in general, which wad hev been varra intercsten if they heddn't aw tawked at yence. Then sumboddy got up an' tell't us hoo te meck shoes for leyle bairns, an' anudder body tawked aboot cross stitch, an' showed us a speciment for aw't world like me mudder sampler that hings next t' chimbley piece in t' parlour. Ah think theer was nowt much else efter that, seah we hurried oot, as Ah wanted te gan te Beuts chemmists ta git some sal-volla-tile for me heidwark an' some mint balls for t' youngsters at yem. When Ah was waiten me turn, their was a leyle bit lass in frunt o' me that hed forgitten what she come for. " Loave, bless thee leyle heart, as big as a bucket," Ah ses, " es ta forgitten what thu was sent for? What is t' for anyways?" " It's te clean Fadder's Sunday suit wid," she piped oot. " Its *ammonia* thu wants," ses Ah. "Aye," ses leyle lass, brightenen up, " that's it." " Please, sir," she ses till t' feller behind t' counter, " Three pennorth of harmonia. Ah *knew* it was summat ye *played* on!"

T' train was terribel croodit, theer was twelve in oor carriage,

an' a leyle lass on t' platform kept shooten oot, " Theers plenty o'
room here mudder." " Nay," Ah shoots oot, " Theers nut room
for ennymairs here. Here's a mint ball for the', an' ga farden
doon t' train, what we cannot git five mair in here, an' that's a
sartenty." Away we gaes then, an' t' last thing Ah hard was t'
leyle lass shooten oot, " Cum on, mudder, here's room, here's
room."

T' BOX

By MARY I. HAWES

Did Ah ivver tell ye aboot aald Aggie an' 'er sister Alice, as lived in a lile cottage way in t' fells, miles fra anywhar?

It's nut theer noo, bin pulled doon ta mek way fur t' rooad, but it was a bonny spot at ya time.

It stud be itsel, up a track fra' t' main. Ther' was a orchard at t' back, an' w'en the' lived theer wi' ther fa'ther at fust, the' kept 'ens, an' ducks an' yan ur meear pigs.

The' can't a' bin seea aald w'en ther' fa'ther tuk bad, fur 'ee was nobbert in 'is fifties, but the' allus luked aald ta me.

Ee gat that bad Ee was like ta dee. Aggie walked a' t' way ta t' toon ta fetch t' doctor, an' Ee sed it was far ower leeat fur 'im ta du owt, an' it wad a' be ower in a day ur seea.

It was sic a awkard spot ta git tul, that Alice thowt it best ta git things sooarted oot, an' she went fur t' undertekker ta measure t' aald fella an' git a box ruddy.

Well, t' box com. A reet bonny thing, wi' brass 'annles an' a', but t' aald fella gat better. He gat that weel Ee tuk up wi' a widda as lived vanner in t' toon, an' afoore t' lassies cud du owt aboot it, Ee was wedd't agen, an' the' were left o' ther' arn.

It was agen ther nature ta waste owt, so the' ligged t' box in t' orchard wi' oot its lid. The' nailed wire-nettin' on't an' many a lot o' chickins was 'atched in it. T' aald 'en wad sit on t' eggs at t' top end, an' ther' was plenty o' room fur t' chickins w'en the' 'atched, til it was seeaf ta let 'em owt.

Ah doot sumbody wud 'ev ta buy another box fur t' aald fella wen Ee did dee, cos that wad be neea gud tul 'im.

Carbolic

by
Helena Oliphant (North Westmorland)

"Now, would you prefer a bath or a shower?" sez t' body et ah wes stoppen wid. Thinks ah tull mesel ah niver hed a shooer, seea ah's hev a go.

She telled meh et curtins waasn't te hide meh frae public view (waat a seet!) bit see es t' watter wadn't wet t' fleur, t' seeap waasn't t' fancy smellin block e t' end ev a lang reape, (sumbody gev her that et Cursmas and it waasn't fer weshen wid) bit a lump e carbolic ev a laal whol-e-purpose, t' copy ah thowt ah med e sat on, she teuk oot, she demonsteratit hoo het en cauld watter gat soortit intil waarm, en ah wad tak a shooer afoour t' rest wes stirren next mwornin.

Whya noo, ah gaes aboot six, teks off me bedgoon, turns t' taps, pot a watter hat on en steud aneeth, en a reet carry-on ah hed gat if it wes nowther ower cauld ner ower het, then ah seed ah'd niver pullt curtins roond - waat a slatteren set oot - niver mind lass, thinks ah: waat t' eye dis't see . . . . ! Ah wes deun varra nicely till me feet seemt queer en ah leaks doon en ah still hed me slippers on! Cush man, ah driet t'fleur wid me feace cloot, bit t' slippers hed ta geh e frunt e t' fire, see they kent aboot that.

Nooadays theer nee room fer a copy, curtins yan cah't miss en geyly aft theer nobbut a shooer eneywes.

"CEMETARY CRACK" or ITS NEE USE
(Written by the late George Hetherington)

"Noo Vicar, war is it? Thoo knaws thet ah's thrang,
En weather like this, corpses deun't keep see lang,
It'll tek me aw day 'cos that grun's full o' styans,
En mare offen then nut ah keep finnen ole byans"

"A fat lot o' notice thoo taks o' me, Dan'
Just snurten en laffen aback o' thee 'an,
Ah've ast en ah've ast' Wat thoo needs is a whup;
Thoo mun dig them graves deeper: fwolk's ardly 'apped up'"

"Is thet aw thoo wantit? Thoo's weastin me time'
It's gaily hard wark en ah's weel past me prime,
Ah can't just mak oot wat thoo worries aboot,
'Cos es many's ah've burrit, niver yan's gitten oot'"

T'CURE FER LOOMBAGO
By MILDRED EDWARDS

Dawston's a bonny lyle spot nut see far frae Carel—aboot fower meyle or see, wid t' Church an' hooses aw cuddlet roon t' green, an' t' Cauda runnen by—aw see peacefu' leyke.

Weel, aboot mebbee eighty eer or see sen, thur was an ole widda-body lived at a bit cot neer brig-en. Libby Bell be neame. Thur was aboot a yacre o' grun an' sha' wurked it weel an' nee mistak. Hur gardin' stuff allus selt weel at Carel market. Sha'd gittin' a cuddy an' flat car, an' ivery Setterda, hail, rain, or sheyne, thoo'd see Libby, wid t' car laden', leaden t cuddy (fur sha' niver did owt but walk an' cuddy niver had a stick ur whup laid on't), mekken fur Carel market. Libby was weel off, 't was sed sha'd a gey lang stockin' on t' slee.

Sha'd a parrot caw'd Daniel, fur sha sed it wad feace a den o' lions, flay't o' nowt or neebody—thur was a cat widoot a teal that was cawed roompy, an' a cwoley dog cawed Pharoh, fur as Libby sed, it sat up just leyke a greet king. Greet on Beyble neames was Libby ye'll nwotice.

Thur was a cupple o' geame-cocks, Dawston Black Ridds, forbye—David an' Jonathan they war. Libby's deed husban' hed bin turrible cliver at them, an' hed handed doon t' secret till Libby an' a nevvey 'at lived ower at Cawdbeck, as he was a gran' cocker. Many a dark neet tha'd be a queyet knock on Libby's back doo-er, an' efter that David an' Jonathan wad be missen' fur a whele, but thur was allus a chink o' money when tha were fetched back next neet. T'was sed on t' queyet 'at Libby hed bow't pleace off t' birds.

Weel, yen deay Libby gat t' loombago terrible bad, an' nut able ta git ta Carel, see sha gat wurd ower till Arm'thwet axen hur brudder's lass, Sar' Ann, if sha'd cum an' gan ta Carel on t' Setterda, see ower Sar' Ann walked, in hur duck-neabbt clogs, fresh cokert—a strappen big ginger-haired lass aboot seventeen, wid cheeks leyke rwoses.

" Noo, Sar' Ann," seys Libby, " Ah's gey badly, but thou'll manish aw reet, t' carts loden oop. Jos fra't Ha' gardins cam seun on an' did that (Ah fancy he's gitten a bit nwotion on thee, Sar' Ann) see just git t' cuddy yoket an' put in an' yer off. Thur's a box o' Cauda rudds theer an' see thou gits a penny apiece fur them, fur ther the feynest oot o' Cauda—an' div'nt fergit t' grosseries an' meat frae t' shammels."

See off Sar' Ann went an' gat till Carel market beteymes, hed a gran' mornen an' was sell't oot be dinner teyme. Lyle Tommy Todd hed taen t' cuddy till t' Malt Shovel, an' wheyle Sar' Ann did t' shoppin' an' hed a beyte t' eat, he'd fetch t' cuddy an' yoke up riddy fur heame. See she set off back gey pleased wid hersel', an' a neyce bit o' money in t' pocket, under the front of ur brat.

Aw went weel 'till tha gat ta Charlotta Street, when t' cuddy pou'd up kinna sharp-leyke, an' 't wad nut start agen, Sar' Ann wussled an' churped an' kittled it under t' chin, but nut an inch wad it budge. Be this teyme a bit crood hed geddert, lads frae t' pub ower t' road, " Put a lyle lock ginger unner it's teal, lass ", shooted yen.

" Hing a carrot fornenst it's nwose," said anudder.

Poor Sar' Ann's feace was t' culler of a beet-root be this teyme—an' still t' cuddy dug it's lyle feet in.

" Gie't a scop wid this," said an ole felly, hannen hur a bit flat stick. See she just tuk it an' gav t' cuddy yen good cluff on t' back-seyde, fer she was sair fashed.

As luck wad hev't she hed yen han' in t' reins, fer off that cuddy went leyke a shot oot of a gun, ivirybody scattered, an' cuddy an' cart wid Sar' Ann flee-en alang-seyde, went leyke the win' up t' hill, an' roon t' cworner on ta t' Dawston rwoad, past t' cemetary in nee teyme—a cupple o greave-diggers tossed doon thur speades an' stuck thur feaces thru t' railins.

" By goy, but thou's in a hurry ", shooted yen, an' t' oother baw'd, " Put thee cuddy in t' Cummerlan' Pleate, an' Ah'll hev thrippence each weay on't" But peer Sar' Ann was yont takken

heed o' them, fur afoor yer cud seay Jack Robbisen tha war clatteren
past Cummersdal lonnin en', sparks flew off t' cuddy's feet, t' hed
bin new shod at smiddy day afoor, an' off Sar' Ann's clogs, aw hur
hairpins hed gon, an' hur hair flee-en in t' win' like a lang rid
fedder, an' when tha gat inta Dawston an' clattered through t'
village, a heid popped oot o' iviry door.   Cush man! sed mair than
yen—what 'sta dee wid t' cuddy—sec wark!

Be teyme tha gat ta Libby's yeat, peer Sar' Ann was just
aboot hawf deed, wat wid ho'dden tekkins doon wid yen han', an'
streenen at t' reens wid t' udder sha was fair de-un.

T' geat was stannen oppen an' t' cuddy just turned in an'
pou'd up sharp at t' steable door, turned it's heid an' sniftered, an'
gav. Sar' Ann yen leuk, an' Sar' Ann sed—aye an' swore till hur
de'en deay—at it stuck it's tung oot at ur, as much as ta seay,
" Ah'll larn tha ".   Sha lowsed it oot o' t' cart an' pot it in ta t'
steable, put cart awa', an' geddered up shopping an' went in t'
hoose, an' floppet doon on t' settle, an' hed a good cry, an' sed ta
Libby, " Doan't ivir ax me ta gan till t' market wid that cuddy
agean, it's varra nye kill't ma ", an' tell't Libby aw aboot it.

" Sec wark," said Libby, " Ah'll awa an' hev a leuk at t'
cuddy, fur 't niver did that wid me." She hobbled oot as weel
as sha cud, an' efter a bit cum back fair shekken an' laughen.   She
flung hersel on t' settle, put hur brat ower hur heid an' fair laught
'till sha cried, the parrot laughed loowder still, t' cwoly barked, an'
rumpy gat on t' teble on me-oweed.   Sec a din as niver was.

When t' row deid doon a bit, an' Libby was able ta speak,
sha weypet hur eyes an' said, " By goom this is a fair capper, Ah'll
tell tha' wat's wrang wid t' cuddy, it's fuddlet, aye an' weel fuddlet
inta t' bargin, it's gat a breeth leyke a druckken ole man on a'
Setterda neet."

" Them lads frae t' Malt Shovel hev fair taen a reyse oot o'
thee, Sar' Ann, tha've gienn t' cuddy t' boddom o' t' yal barrel.
Ah've niver met thur marra fur taen fun oot o' strangers, Ah'll be
boun' Tommy Todd was in't as weel, t' lyle warlick, but lads 'ull

be lads thou knaws Sar' Ann—but the tekkins lass! hes'ta gat them seafe?"

"Aye", said Sar' Ann, "tekkins is aw reet, Ah held on till them Ah can tell tha, what-ivir Ah suffert."

"Weel," seys Libby, "div'nt bodder lass, thur's nawt brack, mek a cup o' tea, tatie-pots riddy in t' uven. By goy, thou'll hev a feyne teal te tell thee lad when he sets tha back heame ta-neet, thou will hev a cootry-coo, an' ta tell thee fadder an' mudder an aw. Ha! Ha! Ha! But see 'sta, Sar' Ann, Ah can git me back streyt, an' pain's awa!—me loombago's gone—Ah's better, feel as lish as two eer ole, Ah cud fair dance an' nee mistak aboot it ".

"Loavin Deays! Ah've ee'rd tell at a good laugh was as good as a dwose o' doctor's medicin an' it's reet eneugh, fur it's cured me loombago."

Cupties and Calamities

by Harold Forsyth — North Cumberland

"Is t'a ga-en ta see United play?" axes Jonty.

"Nay, Ah divvn't think Ah'll bodder," ses Matt. "Thoo knoas, they nivver com ta see me when Ah wes bad."

"Noo divvn't be leyke that," ses Jonty. "Thoo should suppwort thi lwocal team. It's varra educash'nal ta see hoo fitba' hes changed sin' thoo wes a lad."

"Ah connot mek owt o' this 'fower-three-three' rubbish," ses Matt testily. "Them numbers the' hev on ther' backs means nowt at aw. Yan o' these days sum mannisher'll hev a brilliant new idee, an' sen' his team oot ta play a 'twea-three-five' formation — than ye'll git sum gwoals."

"Mebbe thoo's gitten summat," admitted Jonty. "Ah'll pass thi message on till t' Bwoard o' Directors."

"Last teyme Ah went," recollected Matt, "Wes thon cuptie a cupple o' eears sin.' Gor bun, Ah varneer pullt a muscle watchin' em.' An, ta cap aw, Ah just aboot gat killt in t' crush."

"Ther' wassn't that many theer," objected Jonty. "It dudn't tek aw that lang ta git in."

"Git in be jigger 't," ses Matt. "It wes gitten oot, ten minutes afoor t' final whussle. 'Twas wuss ner a Cummerlan' Neet."

"Sum fwoak is nivver satisfied," ses Jonty. "Thoo miss't a corker at t' Matlock cuptie . . . best bit wes when United should hev hed a penalty, an' t' referee sed nut. Thoo should hev heeard t' neames he gat co'd — t' crood thowt he'd been bworn owther oot o' wedlock or oot o' Matlock."

"It taks aw maks," ses Matt sagely.

"Weel, mak up thi meynd — wat aboot this efterneun?" ses Jonty. "It t'a cummin, er nut? Thoo can hev a lift on t' back o' mi mwotor beyke."

"It's a bit ower cowd fer them larks," mused Matt. "Bit Ah've a gud meynd ta ga wid thi — owt fer a laugh."

Sea Matt nips back heam fer his topcwoat, an' Jonty warrm't up t' beyke, ruddy fer "off."

"Ah'll tell thi wat," ses Jonty, when Matt landit back. "Thoo'd best put thi cwat on back ta frunt; it'll keep t' wind fra whusslin' throo t' buttonwholes. Hod on, Ah'll gie thi a han' wid it."

They gat t' cwat fettled, button't up t' back, an' off the' went. Fra' Banton, straight throo Thrussenfiel,' wid Matt grummelin' aw t' teyme aboot bumps in t' rwoad an t' wind 'at wes mekkin' his eyes watter. Hooiver, afooer the' gat till Morrus, he' shut up awtagidder.

"Hev Ah gaen deef?" thinks Jonty till his sel.'"

"Are ye aw reet, Matt?" he shoots, hauf turnin' his heed. Ther' wes nivver a soond, cos Matt wessn't theer.'

"Loavin' days," ses Jonty, "T' owd feul's fo-en off." — an' he dis a quick U-turrn an' gaas back fast as t' beyke can pelt. He heddn't far ta ga — at t' cworner just ootseyde Morrus he sees a cupple o' cars pullt up, an' Matt layin' still on t' roadseyde wid hawf a dizzen fwoak stannen' aroon.' Jonty props beyke up an' gallops ower. "Is he aw reet?" he gasps oot ta t' nearest fella.

"Weel," ses this chap, rayther slow , "He *wes* — till we gat his heed roon' t' reet way! ! ! "

A FISHY STORY
(North Cumberland Dialect)

Yae Setterday neet afoor t' last war, three farmers were sittin in't " King's Arms " snug at Bowran-on-Solway. This is a fishin village, for quite a few o' t' fwolk git their livin frae followin hauf-net fishin in't Solway Firth. Uthers work on't farms in't parish. Stwories aboot fishin an farmers are always varra popalar here. Well, these three farmers were hevvin their usual Setterday neet crack ower their customary glass. T' main subjects toaked aboot were t' weather, crops an' preyces.

Presently theer entered t' snug Harry. Blair, t' parish rwoad-man. He covered an extensive area for it's raither a big parish, an he knew nearly ivverybody that leeved in't.

" Hello Harry," said yen o' t' farmers as Harry entered, "Hoo's ta gan on?"

"Ah's nut gan on," Harry replied. "Ah's stoppin here a bit.'

" Thoo'll hev ta behave theesel?" said anuther farmer, " Bit hes ta eny news?" he ast him.

" Yis, Tom Wards gitten a salmon to-day in his hauf-net, first he's gitten this season."

"A fresh salmon," muttered t' first farmer that spok.

" Dis ta think he'll sell't?"

" Nearly sure," replied Harry, " He'll want t' brass reet away."

T' three o' them toaked t' matter ower, then yan said, " Hoo much dis ta think he'll want for't? We might buy't an divide it amang us."

" Oh, Ah wad say aboot thirty shillin," Harry thowt.

" Mebbe less," he continued. " For't riddy money'll be a good pull."

" Well, noo, we'll gie tha thirty shillin, ga doon ta Tom's an buy it for us an we'll gei tha summat for thee bother."

Harry agreed, se they gev him three ten shillin nwotes an off he set. Luckily Tom was at heame se Harry tell't him reet away what he hed cum for. Efter a bit o' hagglin Tom let him hev't salmon for twenty-five shillin. He mebbe thowt he wadn't o' duan any better if he'd waited till Monday an tekken't ta Carel. Theer wad be t' train fare, summat ta eat, an tyme lost on't job. Se he teukt riddy money chance.

Harry wid't salmon rapt up, meade his way back ta't " King's Arms," where t' farmers were waitin' for him.

" Thoos gitten't than," said yen o' them as Harry entered t' snug.

" Yis," replied Harry, o smeyles ower, for he thowt he had meade a good bargain, "Bit ah gat it for less than thirty shillins," he continued. "Ah bowt it for twenty-five shillin."

" Then thool hev five shillin change," said t' farmer, " What aboot it?"

" Well, noo," Harry began raither slowly, "Ah thowt ah wad giv ye a shillin a-piece change, that wad be three shillin, an as ye said ye wad giv me summat for me bother Ah'll keep tuther two shillin for mesel."

"Are ye o' agreed on that?"

Yis, they agreed. They gat their shillin back. Harry kept his two shillin, an they ordered a pint o' beer for him ower an abuin. T' landlword cut't salmon inta three for them, an' they drew lots for't heed, tail an t' middle bit. They were o' happy an content, knowin they were gan ta hev a teasty dish next day. " Bit wait a bit," said tuther farmer that hedn't spokken afoor, "Theers summat fishy aboot this bizness. We gev Harry ten shillin a-piece, he's gien us a shillin back, that's nine shillins its cost us, or twenty seven shillin o' tagither. He's kept two, that meks twenty-nine. Where's tuther shillin?"

This kept them, an uthers that cum intat snug argyin on till't clwosin teyme, an they hedn't settled it then. Can you?

GREETING.

IF ivver twea farmers i' Carel should meet
    Ye'll hear wat they say t' udder seyde o' th' street;
Ower t' rwoar o' th' buses cu's t' voice o' gud cheer,
An' these is the wurds 'at for sartin ye'll hear:
    "Hoo's t'a gaan on, lad; hoo's t'a gaan on?
    Thoo's leukin' gey badly—bit hoo's t'a gaan on?"

If ye's seekin' your fortin' i' sum forrin lan'
It's then 'at ye'll vally the clasp o' a han',
An' lads th' warld ower knaw t' comfort an' bliss
Ta hear t'owd lingo spok' summat leyke this:
    "Hoo's t'a gaan on, lad; hoo's t'a gaan on?
    Is t'owd Toon Ha' stannin' yit—hoo's t'a gaan on?"

For three 'eear young Joe eworted 'Lizabeth Jane;
He wanntit sum pushin', it leuk't varra plean.
Hur fadder, he thowt Joe wad nivver mek' t'match,
Sea he whispers ya neight, ta bring t'lad up till t' scratch:
    "Hoo's t'a gaan on, lad; hoo's t'a gaan on?
    Ther's mappen nea hurry—bit hoo's t'a gaan on?"

Bit Ah's fear't, when mi short span on earth has geane by,
'At Ah'll finn' misel' lost an' adrift i' th' sky.
If Ah reach Gwo'den Yetts an' Ah tries ta git in
Ah'll bet owd St. Pether'll say wid a grin:
    "Hoo's t'a gaan on, lad; hoo's t'a gaan on?
    Thoo's t' furst up fra' Carel—sea hoo's t'a gaan on?"

                        HAROLD FORSYTH.

A HOAF-DAY TRIP TA CAREL

By WILLY CARRICK

Ya hev mebby heeard t' teal hoo Bella Lomas an' Aggie Urn went ta Silloth wid a waggonette trip, an' seck a day they hed? Aah's warrent, hooivver, ya hev nivver heeard hoo they went ta Carel. It waas lang affoor t' Silloth doo; coz they kept gey whyet aboot it. Which aw gaes ta show, wimmen fwoke can keep thur mooths shut if it suits thur purpose. Bit let's start at t' beginnin'.

It waas ya Sunday neet aboot latter end av October, a gey lang teame sen noo, Bella hed been up at t' Reid Dial, where Aggie leav't, for t' efterneune; hed hur tea, an' supper, an' heven cawt ivveryboddy bar thursels. Aggie waas settin' Bella back ta Wigton. Afoor they partit on t' top av Blain Broo, Aggie sed:

"Hes ta enny nowtion hev gaen ta Carel next Setterday? Thurs hoaf day trips be t' railway, nobbet a shillin' return, an' if it's a decent day we cud hev a neace efterneune."

"Aah's willin'," sez Bella, "bit Ah'll be seein' tha on Tuesday, an' we can mak oor arrangements than." Seah it waas left at that.

T' oald frinds met on t' Market Day an' meade thur minds up. For t' wedder seamed settelt, an' seah they wad ga. Aggie wad cum frae t' Dial on Setterday mwornin', an' they wad gan on t' hoaf past lebben train, an' cum back on t' nine train frae Carel at neet. That waas tekken full advantage av t' trip.

Setterday cum, ess neace a day ess ennyboddy cud hev wisht for. They hed a tea dinner, an' aboot lebben o'clock Bella locks t' dooar at t' Whyte Row, an' pot t' kay under a cobble in t' laal flooer bworder afroont ev t' kitchen winda; an' away tha gaes. Beathe wur smart, for Bella driss-makt, an' bein' a douce boddy she hed a grey merino frock, wid a draped skurt, enden in a gran' bobby-dazzeler ev a bow, which waas aw t' fashion.

T' drapen waas aw peapt wid laylock cullert edgen', an' she hed a neace hat wid beathe whyte an' purple laylock flooers in t' front. On t'. top av this gran' driss she hed a black an' laylock dolman meade av silk an' velvet, an' she hed a black silk umbrella, ur Aunt Tamar hed yance gaen hur. Hur beuts war meade av kid, an' she hed laylock kid gleuves on hur hands.

Aggie waas ivvery bit ess smart. She waas slender wid a eighteen inch weaste an' hur driss waas black alpaca, wid a skurt dreapt up behint tul a girt bow av puce silk velvet. T' frock top hed a puce velvet front, vannar leake a weastcwoat, wid roon crystal

buttons frae t' collar tul t' weaste. She hed a black satin tippet
wid a stan' up collar an' leant wid puce silk, an' hur hat waas t'
varra leatest frae Anne Studholme's, t' milliner. Wat waas cawt
a toque meade av puce silk an' black net, an' laal silvery ornaments
that waggelt an' waffelt aboot wid ivvery move that Aggie meade.
Hur buits wur patent-ledder wid whyte eyelets, leac't hoaf way up
hur legs; an' she hed puce kid gleuves an' a silver hannelt umbrella
rowlt ess teaght ess a walkin' stick, an' she hed a gran' handbag.
T' bag kinda boddert Bella coz she heddent owt av t' kind bit hed
awriddy meade hur mind up, she waddent be mutch oalder tul she
gat yan. Twosum cawt et Mary Miller's shop on t' Bog Rwode,
an' ayther gat thursels a pennorth av hoafcroon sized mint
lozzengers. Ya gat aboot ten av these guddies for a penny in them
days. They wur in neace teame for t' train, gat thur tickets, an'
wen t' train hed drawn up in t' station, leuket for a carriage labeled
Non-Smoker. T' train waas gey full, bit awivver they gat a
carriage ta thur leakin' an' gits in. A wummin boddy grummelt
aboot bein' sair crusht, bit ooar two stood an' glowert, tul tudders
shiftet up, an' efter lukken ta see thur waas neah durt on t' seats,
clappt doon feacen yan annudder. Ay an' wid ess mutch dignity
ess a dowager duchess that hed dowters ladies-in-waiten' ta Queen
Victoria. They gits ta Carel, an' yance oot av t' station santers
doon English Street on t' Jail Tap seade, lukken at t' shop windas.

They hed a gey ratch aroon t' Green Market afroot av t'
Toon Haw, for t' thrang av t' market waas ower, bit thur waas enny
amoont av stalls ta luk at. Then they santert doon Scotch Street
into Rickergeat. It waas theer they saw t' play-bill annooncin' that
at 6-30, an' agean at 9 p.m., that t' heart-rending drama, foonded
on fact, "Maria Marten, or t' murder in t' Reid Barn," wad be
played.

"Ah wad leake ta see that," sez Aggie, "Ah've read aboot it, an'
it aw happent lang sen. She waas gan ta hev a babby, an' t' fella
kilt hur, an' hur mudder hed a dream, an' thats hoo it waas fan oot,
an' t' fella waas tried an' hanged, Ah's pleased to say. Noo, we'll
ga, Bella."

They thowt av thur gud cleas an' t' stink av bacca reek; bit
they book't front seats et a shillin' a pieace, an' then went up
Lowther Street.

It waas aboot three o'clock an' Bella sez: "Ah'll ga inta this
shop, they hev sum neace lukken plate ceakes. Ah'll git yan an'
we'll ga an' see me Aunt Maggie, she leaves rayder farther up, in
a hoose in Grapes Lane."

They gaes inta t' ceake shop.

" Can Ah hev a plate ceake, please?" sez Bella.

" Ya can," sez t' lass ahint coonter, " wat wad yeh leake; apple, curran', ur brummel-kite?"

" Divvent git brummel," whispers Aggie, " it might run oot an' weast thee frock."

" Neah, Ah'll hev apple," sez Bella.

T' lass lappt t' ceake up in a bit av soft paper, an' hods t' oot ta Bella.

" Hoo mutch iss't? sez Bella, oppenen hur purse.

" Sixpence, please," sez t' lass.

" Sixpence!" yawps Bella, " Sixpence! Nut frae me awivver; Ah nivver paid mair than fowerpence for a plate-ceake, av me leafe."

An' oot she floonces on ta t' street ageane, Aggie followin', an' t' peare lass geapen efter them leake a duck that ess misst t' crowdie trough.

" By gokks it's a dear whol, Carel, Ah must say. Tek care penny ceakes isn't tuppence," chunters Bella.

Bit efter a bit, an' she heddent gone menny yards, tul she stopt, an' sez ta Aggie: " Ah's gan ta hev nowt ta tek me oald Aunt Maggie, an' its gan ta luk badly, gaen empty handed, coz she's sooer ta ask us for oor teas; Ah'll giv tha sixpence, Aggie, an' ga back inta t' shop an' git t' apple ceake."

" Ah'll deu nowt av t' mak," sez Aggie, breaddlin' an' tossin hur heid tul aw t' bugles in hur hat waas shiverin' leake doddery-grass on a breezey mwornin. "T' ceake waas puff-peast, an' thur allus mair than t' ordinary peast, even at Wigton. If thoo wants, thoo gaes theesel."

" Aw reet noo, aw reet, its neah odds," sez Bella.

Aw t' seame she cuddent feace up tul gaen hursel, an' just wid that a laal lad sez, " Missus yah've dropt this," an' he hods oot wat lukkt leake a pincushion av gud size, widdoot any pins in't.

Bella's feace cullert up, an' she sez, " Its nut meane me bwoy; what meks ya think it iss?"

" Well, it com oot amang yur feet, coz Ah saw't," sez t' laal chap, grinnin'.

" Merciful hevven," yawps Bella, clappen hur hand on hur backsyde, " it's me bussel, that Ah nobbut meade last neet, an' ta think t' tapes ess brack awriddy."

An' wid that she dropt t' bussel doon sum area steps they happen't ta be passen'.

Then they fan oot they hed past t' oppenin' ta t' Grapes Lane, an' turn't ta ga back.

T' fust boddy they met waas a laal widgeon av a wummen, wid neah hat on, an' weerin' a blue streapt brat. She luk't gey mad, hur mooth waas stickin' oot leake a yubben damper nob, an' thrusten t' bussel under Bella's nwose, t' laal boddy shoots: " Ah think that's yours, an' just ivver dar ta throw enny av yur rubbish doon mey cellar steps agean, an' Ah'll skelp thee gob, an' skelp't weel, ay an' clatter thee chafts inta t' bargain, ya greet bannick feace. Wat div ya think ya are? Seck impiddence, droppin' yer mistaks doon mey cellar steps."

Wid that she clashes t' bussel at Bella, bit it miss't hur, an' Aggie gat it reet in hur feace, mekken hur eyes watter.

" Weel, thats a laal sparrer shanks," sez Bella, " fareweel tul ,ur."

" Ah divvent naw aboot sparrer shanks," moant Aggie, " she's mair leake laikin at Denny, an' meade me ' It.'   Wat the divvel ista gan ta deu wid t' bloomin' bussel ennyway?"

" If ya divvent want it, Ah'll hev't," sez t' laal lad, for he waas still hingin aroont t' wimmen fwoke.

" Ay, git away wid it, oot av me seet," shoots Bella.

" Champion," sez t' bwoy, an' givs t' bussel seck a kick, it went hoaf way ower Lowther Street, flayt a cab-horse, ah' hit a man a back av t' heid; he waas wheelin a barra leadit wid vegetable marras. Then t' cab wheel ran ower t' bussel an' brast it, leavin nowt bit a bit av grey Italian linin, an' t' back pages of siveral East Cummerlan News. That waas t' end av Bella's bussel.

Gitten back ta t' Grapes Lane they fan that Aunt Maggie waas away, seah they went throo tul English Street, an' bein riddy for some tea, gat inta a Cocoa Rooms in Fisher Street. A pot av tea, a tatie pie, breed an' butter an' three sworts av ceake cost them a shillin' a piece.

Seein' Aggie hed paid for t' play tickets, Bella paid for t' teas.

They pot in a gud bit av teame ower gitten thur teas, an' t' lass that was t' waitress gat neah tip. Be this it waas efter five o'clock seah t' twosum meade thur way, tekken plenty teame, doon tul t' Bluid Tub, ess ivveryboddy cawt t' theatre near t' Sands. Thur waas a canny few fwoke waitin' ta git inta t' playhoose, bit hevvin' tickets, Aggie an' Bella gaes in an' gat gud seats three rows frae t' front av t' stage.

A smart drisst man vanner follout them in, aw "so sorry," an' "beg pardon," an' pusht by Bella an' sat doon on Aggie's left. He wad hev leakt ta toak ta Aggie, bit gitten gey shwort answers, he shut up.

T' pleace waas full be t' teame t' curtain went up, an' aw waas gran' tul aboot t' end a t' second act av t' play. Corder hed murdered peear Maria, an' hed gitten hur greave dug, an' waas liften t' deid lass up ta lig hur in t' greave, an' aw waas whyet, cept for a bit sniffin frae sum av t' wimmin fwoke, hevvin a gud snotter an' cry, Bella included.

Noo, Aggie waas boddert wid hur stummic. Aw she ivver eat flew reet tilt an' t' tatie pie she hed for tea hed onions in't, an' waas riftin up.

She pot hur han' up tul hur mooth ta giv a lady leake hiccup, bit t' onions maister't hur; Aggie gev seck a bowk, aw t' fwoke in t' theatre heerd it, an' thowt it waas t' actor on t' stage. Ower mutch yell frae t' Drove Inn mebbie, an' it waas wid liften t' lass up. Ivverboddy brast oot laffin', cept Aggie, she waas shammed ta deeth. It waas a gud job t' pleace waas in hoaf darkness, an' murky wid bacca reek, ur a gev reid feace wud hev shown-up Aggie. Bella waas that thrang weepin', weapen hur eyes, an' blowin' hur nwose, she nivver nwotic't. T' actor tekken t' part av William Corder, leuk't ess if he wad leake ta murder sum boddy for fair, an' Maria, tho' she hed been batter't aboot tul she waas kilt, an' waas ess bonny a corpse ess ya cud hev whisht ta view, gev a bit smeale. It rayder spoilt things frae t' actors' standpoint.

Then t' smart fella on Aggie's left axt ta be excused, an' hurrit oot. It waas nut tul Corder waas hang't, an' t' curtain droot, an' thev gat on ta thur feet for God Save The Queen, that Aggie realis't hur bag hannels hinging on hur left arrum, war hannels widoot any bag.

They cuddent deu mutch aboot it, for it waas aboot hoaf past eight an' t' train for gaen back yem left t' station at Carel at nine, an' it waas t' last gaen West.

Although Aggie waas doondit aboot lossin' hur bag, coz it waas t' fust teame it hed ivver been used, wen hoaf way tul t' station she sez ta Bella: "Its a gud job Ah tuk me purse oot hev that bag, an' pot it inta t' top av me reet stockin' wid a gaiter below an' annudder abeun't; for Ah bet owt that laady-daady fella went wid me bag. Seck a suck he hes gitten, for thurs nowt in't bit a rayder snottery necleth, an' a few mint lozengers."

Bella waas gayly pleas't ta heer that.

Thur waas a crood for t' train at t' station, bit oor two meade neah bodder bit gat inta a fust-class carriage, pull't blinds doon on t' platform seade, an' gat it tul thursels. Beath bein' tired they dowtelt ower ta sleep, an' it waas Aggie that waken't up an' peek't oot av t' winda, shootin': " Bella cum on, we're at Wigton, an' weel doon t' platform, vanner at t' Spittal Brig."

Up they bunces, an' hed just gitten oot, wen t' train gaes off agean. " It's varra dark iss 't nut?" sez Bella, an' just wid that a pworter hods his han' oot for t' tickets.

" Ah doot," sez he, lukken at tickets, " ya hev meade a mistak, 'this issn't Wigton, it's Curthet."

" Nivver," sez Aggie, " it can't be." Bit it waas.

" Ah thowt it waas varra whyet for Wigton," wails Bella. " Wat ivver can we deu?"

" Nowt, cept put mair watter in't next teame," sez t' porter, he thowt they hed been tipplin, " nowt at aw, bit walk, thurs neah train tul tamorra mwornin, an' its Sunday, think on."

Awivver he advised them ta ga be Evening Hill doon tul Thursby, sayin' they might chance on a lift if thur waas ennyboddy oot leat wid a trap.

Ta mek a lang teal langer, they war aboot Shaw Wood, hevven a rust on a stean-heep, an' wid exception av seein a few fellas comin oot av t' Ship at Thursby, an' sum mair at t' Fox an' Hoonds at Moorend, they heddent met a sowl. Ya fella comin' oot av t' pub at Moorend hed shootit, " Gudneet lassies, Ah's sworry Ah's gaen tudder way, ur Ah wad hev set ya yam."

T' fella waas fresh wid drink, an' Bella an' Aggie nivver spak, coz they war beath flate. They war mair than flate noo, sittin on t' stean-heep, for a Jinny Hoolet shootet an' vanner meade them loup oot av thur sarks. Efter a bit Bella sez, " Here Aggie lass, hev a mint lozenger."

Aggie sed nowt, bit brack't an' pot a bit inta hur mooth an' sniff't.

" Whist," sez Bella, " thur's summat comin' "; an' she trips oot onta t' middle av t' rwode. " Its a carriage an' pair, Ah can see t' lamps burnin' coz its cummin' this way. We'll try an' stopt."

Aggie join't Bella, wavin hur pocket-neclet (she hed a spare, in hur frock pocket) in ya hand, an' Aunt Tamar's umbrella in tudder, an' beath shootin, " Stop, Stop," ess lood ess they cud.

Bye an' bye a pair av horses pulls up, an' t' driver sez: "Wat's gon rang, me lassies?"

Bit for a minute Aggie an' Bella waas that dumfoond't, neider cud speak; t' carriage waas a HEARSE.

T' driver gat doon off't dicky an' lissent tul thur teal av woe.

"Ah'll giv ya a lift til Wigton, Ah's gaen reet throo til Speatry."

"Nay, nivver," squakes Aggie an' Bella, "we cuddent ride in a hearse."

"Noo just a minute, Ah divvent want ya in t' hearse, bit Ah ventur Ah can squeeze ya onta t' dicky wid ma. Please yersels, thur's nowt int' hearse, an' wont be till Ah git ta Speatry."

They war beath cryin', bit he bumpt them up onta t' dicky an' set off.

Ess they war gaen by t' Brisco Arms at Micklethet Bella sez: "Ah've meade a hash ev things, Ah've left me string bag on yon stean-heep, it hed a quarter ev a stean av brokken biskies frae Carrs on t' Viaduct, an' fower taffy hearts frae Macgreggors sweety shop in English Street."

"Well, that's a pity," sez t' driver, "bit ya can-mek neah better on't."

Aggie sed nowt, just snift.

They gat tul t' Whyte Row seun efter midneet, an' t' driver helpt them doon, an' wen Aggie askt hoo mutch thur war in his debt, he sed "Nowt." Seah they thenk't him an' ayther gev him a shillin'.

They war gev teued, an' tired, bit Bella seune hed t' kettle boilin' wid sum kinnelin' sticks, an' mast sum tea. Ess they war suppin t' tea Bella sez: "Well, Ah've hearr't fwoke offen laffin, an' toakin' aboot gitten oot at Curthet, Ah see nowt ta laff at, awivver."

"Neah," sez Aggie, "bit wat they mean, an' wat thoos experienc't ta neet, iss totally different. Bit tell mah, wats t' neame av yon playhoose we war at?"

"They aw cawt t' Bluid Tub," answer't Bella. "Hoo? Wat for?"

"A better neame wad be t' Flea Factory," snaps Aggie. "We'll wesh up, an' then thee ga ta bed; Ah's gan ta strip mesell til t' skin. Ah've gat a flea awreet, its bitten ma on hoaf a duzzen pleaces awriddy, an' t' way its lowpen aboot on me back, Ah's suer its weearin' duck-nebbt clogs."

T' Hellam Wind.

BY

HAROLD DEIGHTON.

(WESTMORLAND DIALECT).

ABE ATKISSON was t' eldest statesman ·in Piketon an this is t' teeal as he telt it ta me :—

"It's a lang time sen, bit Ah mind ma it was a gay clashy back-end that year an a few on us war sittan roond t' fire ya Settherda neet int fellside tap, ye kno',—t' "Fox an' Hoonds."

It was cauldish, t'hellam wind was risan an' t' pub was fullan-up nicely when in com Sep Stamper, t' postie, an wi him a visitor, fra t'Sooth, at was stoppan at Sep's hoose.

Decent-like we mayade room fer Sep an t' stranger.

T' newcummer was a laal, sharp-leuken swort of a chap wid a yow neck, thin shoon an', like maist toon's fwoak, a bit shakky on his feet: Hooivver, he'd plenty ta say fer his-sel an seeint' ta be o-theer. Sez he, "I've cam ta 'Piketon' to learn whot I can and to enjoy the-ah-menneties of the district." As nin on us knew what t' "menny-tys" was, we sed nowt and waited. T' new chap than 'showt willin' an 'steyad his footin' be cawan fer "Drinks roond."

Efter that t' ice was partly brokken an' t' Sooth-country fella sez, "Nao, will samwun tell me all abeaut this, 'whot-you-call it', —"Helm wind?" Tell him 'O aboot it!!—neaboddy cud deah thatan. As luck wad hev 't just than, t' skealmaister—(Mr. Matheson) com in, (Ah think he was laytan sum o' t' skeal

maninshers er t' church waardens), an sumboddy suggestit at
mebbe t' maister wad gi' oor guest a 'bit of an idea' es ta what t'
hellam wind was like, like. Efter 't' maister' hed sed "similar"
ta t' landlady an' t' glasses hed o been fillt up, he explaint at this
'hellam wind' is fund neawhor else, nobbut i this neighbourhood,
an t' neam 'helm' is gien ta t' lang low clood at sattles on t' fell
top when t' wind is blowan,—its t' seeam swort o word as 'helmet'.
Than sumtimes thers anudther clood which forms known as t' 'bar'
—a narra, thin, black clood, aboot fower mile lang, stritchan fra
Cressfell ower ta Appleby-way, an as straight as if it hed been
mezzered wid a tayape line. When t' "helm" an t' "bar" er
beyath on at t' seyame time t' wind bloas varra strang an its
terble cauld, seah cauld at it snirps up o t' gurse, maks lammin
time varra hard, causes t' 'crow blast' which bloas o' t' young uns
oot o' ther nests an does a lock o' damage tul hoose property.
Ye hev ta leuk oot er yer likely ta git yer heed split oppen fer
thers shooers o' sleeats fleean aboot like crows, trees is blowan
doon an mebbe t' wind lasts fer three er fower days.

When t' **brek** in t' wind cums than o' t' cloods er tosst acrosst
t' sky just as if sum mad-boddy was rivan an throwan them aboot
a' purpose. Gurt lumps o' black clood ga fleean past in o maks o
queer shaps sek as elephants, camels, pigs, cassels an' noah's
arks—than efter that t' wind dees doon an o' 's wnyat.

("Mowste interestin," sez oor guest).

Sez **Adam Bayans**, t' sexton, "Noo that caus ta mind what t'
last parson telt ma." ('Ya mun hev yan wi me an Ah'll tell ya.')
Efther we'd drunkken Adam's health he startit off :—

T' oald parson (t' yan afoor thisan), t' **Rev. Pâul Camebrigg**,
was a varra far-larned man aboot t' aulden times an' he sed at t'
fwoak i' them far-off days war sartin sewer at t' hellam wind was
t' dooins of divvils at wark up in t' sky, seah t' munks o' **Kirkland
Abba** decidet ta put up a gurt wood cross on 't top o' t' hee-est fell
whor t' wind caust t' maist bodther, an they thowt at t' cross wad
flay o' t' divvels away,—sek as them at war causan t' hellam wind.
Hooivver, efther t' munks hed puttan up t' cross, t' hellam blew
't doon agen. Seah t' cross disappeart, t' munks is o deed, t'
Abba an o hes geyan, bit t' neeam 'Cross' fell an' t' hellam wind
er beeath 'stoppan on'.

('Strewth,—is stranger than fiction'—quoted t' visiter).

Bill Buller, t' farmer's son, frae **'Hunger-gut Haw'**, next spak
up,—("Fetch these agen please, missis") "Ah was yance bringan
a local preacher up ta t' village int' gig when t' hellam was on an
he was fair mayzed.
Oad Sally was shuvvan her heed intull t' wind like a 'good un'
bit it was gay slow gaa-an i' sum spots. T' preacher was hoddan
ontul his hat wid yah hand an grunpan hod o' t' gig seat wid
tudther. Efther a bit, he shooted, "This is indeed a terrible wind.
I'll preach to-day on **'The Tempest'**." "Aye," ses Ah, shootan
back, "Its t' **hellam** wind," but he mun ha masst a bit o' what Ah

was sayan fer he shootit agen, sharp like, "Yes, yes, but there's no need ta use strong language about it."

("Hayu odd,"—ses t' stranger)

Next, Ah thowt Ah's put a 'through' in ta git **Tim Topston**, t' stayan mason, gaan. "Whattan was thattan when ye war mendan t' church recaf aboot ten yer sen, Tim?" sez Ah. "Wya," sez Tim, raydther shy-like;—("Fetch a drop mair, Jane")—"it was them twea daft prentisis we hed,—**Nick Nonowt** and **Dick Deahlaal**, Ah was pointan t' east end gayable top o' t' kirk an Ah put t' twea lads on ta mortar-up t' watther tayables. Just es Nick hed gittan his treuin-ful ruddy, t' wind liftit up t' gurt flat steyan an he thowt at he's put t' mortar weel in;—an neah seeaner hed he deahn seah than t' wind droppt an doon com t' tayable ontil his arm. Theer was Nick traypt an' bawlan as hard as he cud at Dick.

"Dick! Dick! Leuk sharp' Fetch t' geyavelock me arm's catch't under t' watther tyable—Oh, hurry up, Dick, its hurtan." "Nay," sez Dick, "ther's nea need ta hurry, Nick, just wait whel anudder gust coos an than poo thi arm oot."

("Richard was quate a fillosifer" sez 'Lundun').

Colin Wedtherby, t' shippert, hed been sittan smudjan away in t' corner fer a lang time an Ah knew he was laffan at 'summat up his sleeve' seah Ah sez, "Noo Colin, its thy turn noo."

Colin lafft an spak ower his shoudther ("Seyame again") than he sed he was minded when him an oad **Ben Thakstack** war gaa-an up t' fooreling an t' hellam was blowan gay hard. Ben was leenan his full weight agen t' wind, his een wattheran pure yal whiles, an as he tummelt ower a deed sheep at he hebbnt seeen, t' wind droppt sudden-like an doon went Ben bit just as his snowt was touchan t' grund a gurt gust com an blew him back ontil his feet agen. Ah've nivver seen owt likt't in o me bwoan days! Ben's feease was a 'piether'—he duddn't kne wedther he was on his heed er his elbah.

Than ther was that **Manchester fellah** at was stoppan wid us yah **'Wissuntide'**. He kept braggan aboot a "Patent leet-weight mackintosh" at he'd browt wi him; it wad, he sed, "Stand up ta' t' heaviest rain an t' strangest wind," in fact, we gat a bit tiret o' hearing sek a lot aboot hoo "this remarkable cwoat" wad "turn enny swoart o' wedther" an "nobbut weighed five oonces," etc. Ya day Ah hed ta gaa ower t' fell ta fetch in sum yows an' **'Mr. M.'** axed if he cud coo wi ma.

We war gaa-an ower be **'Hycup nick'** when t' hellam reeaze an' ov cooarse, noo was t' chance ta try oot t' famous mackintosh: oot it com bit if ye'd seen that chap tryan to put his cwoat on ye'd ha 'deahn nee mair good.' T' wind blew t' cwoat oot like a banner an it mevade a noice like es if a hundthert fwoak was clappan ther hands o' at t' seyame time. Whichivver way he waltzed roond t' cwoat was sewer ta ga ta t' opposite side.

Ah was just gaa-an ta gi him a hand when—"Crack!" t' wind blew yah sleeve clean oot an away it went, a thoosant feeat below t' rocks, intult t' beck in t' ghyll boddam. It hed gayen swirralan doon fer a mile er mair an was last seen in a gurt dub alow **'Harbour Flat'** wi t' mimmums layakan at 'tunnels' through 't.

("I don't see match in **thet**," sez cock-ma-denty).
("He cuddant see mitch if he **hed** a match" growled Colin in me left lug).

"Anudther pailful o' swill fer these chaps, Jane," ses **Ted Turnbull**, t' butcher, an Ah'll gi ya my experience.

"Forty yer sen me fadther sezs ta me, "Ted, t'hellam's settan in an we mun gaa an layade them hay pikes an git them intult Field Hoose." Seah we teukt' hoss an cart wi' t' skelvins on' and t' hay forks an set off. Just as we gat doon t' lonnin an war oppenan t' yat, ye can believe it er nut, bit them sebban pikes went reet up int' air an ower t' thorn dyke. We just steyad theer oppengobbed, fair flummoxed, as if we war frozzen ta t' grund, than when we turnt roond ta gaa back hyam we saw summat cumman ower t' dyke on t' t'udder side o' t' field—an theer afoor oor varra eyes com t' seyame sebben pikes, ivvery strea on them, an plonked doon int field as nar as dammit on t' seyame spots whor they'd been liftit frae.

("Blimey!—you tans of soil myke me lawff"—sez yow neck).

Oad Mattha Byers was t' eldest man int' cumpany—ninety yan gone mikklemas. He was still gay wick, didn't say mitch, an cud drink enny given number o' pints, seah Ah sed, "Matt, thers an **extra pint** for tha, if thoo'll tell us summat aboot t' hellam."

Sumbody gat in first wid "Yance mair Jane" bit it includit Matt's pint. "Theer's nee occashin" sezs Matt, bit still reachan his hand oot, an efter he'd tayen a good swipe he held his mustash doon wi his finnger an sookt 't froth off 't an startit:—

"Eighty yer back me granfadther tellt ma at t' hellam was a gay deal stranger when he was a lad. Ya day as granfer was cumman ower t' fell he seed t' wind blow twea sheeps heeds off an fardther do'on ther was lam's tails, geease nebs and coo's horns liggan aboot o' ower t' spot. That was t' warst hellam he'd ivver kent and t' seyame day **Joe Moore's** hen-hull was blown upside doon an when Joe gat theer t' hens was layan ther eggs upbank, that is, o' except a laal brocn hen at hed been barrt oot ot' hull be mistayk, an grandfadther 'spat his deeth' that he seed that laal broon hen **lay t' seyame egg fower times runnan.**

(Oh, o-ho-ho-o. Ha, ha, ha--"Strike me pink" yowls t' cockney—"You cantry bamkins!"—you cantry bambinhs!! o-hic-o!)

Things war gittan a bit hazy as it was lang past 'shuttan time' —Ah mind someboddy shootan "Troff up fert t' —— final!" an than t' last drinks wer sarrat. We thowt at t' **bobby** waddnt be like ta coo fower mile on his velosopede as t' storm ootside was growan warse an warse; lowse leaves an twigs war patteran **up agen** t' winda panes, t' ducks startit quackan, t' hens strikan, hosses whinneyan, coos lowan an rattlan ther chains in t' byre, than t' oad bull set off belleran, milk pails an dippin tins war rowlan up an doon t' yard, tree reeats jikkan an greanan int grund, t' wind makkan a soond o' gurt waves at sea as it reavve through t' leaves an sharp cracks like 'cannons' went off as beyath rotten an green branches were rovven off an com bashan ther way doon. Yats an' dooers war clashan, o' t' dogs set up gowlan an ivverything was gaan 'gurt guns' like a 'crow shuttin', when o' at yance es if hell hed brokkan lowse, wi thunnor an' an earthquake ta beeut, them three gurt lime trees, ahint in 't paddick((t sentries we caued them), com squealan an topplan an crashan tult grund smashen doon o' t' apple trees in t' worchet. Ah can tell ya it was a gay shindy. T' only fella at hed been sittan an suppan an sayan nowt was young Frank Prank t' blacksmith's striker, bit o' t' time hed been bodtheran his heed aboot t' "menny-tyes" afoorsed, an noo he gat a brain wave. He axed t' cockney if he wad like ta see hoo t' local fwoak tie ther clease on when t' hellam wind is varra bad "sek as taneet." "Fer thoo knos," sez he, "thoo may land back at Sep's hoose wi'oot a hat, cwoat er even thi brutches, if t' wind gits up thi leg."

("Blimey! Ennything wance"—"wen in Raowme,"—" Yes, hie! No"—"I don't mind if I do," sez t' laal scrafflan). Bit he was fast lossan a grup on hissel be this time. Seah Frank slippt inta t' back kitchen whor he'd seen a new baw o' mykkal fert' reapin machine. Than he co' back an fell ta wark. "Brutches boddams first" (Frank duddent pinch fer a few yards) than t' cwoat sleeves war tied aroond t' shekkels, next, o' t' buttons leeaced tult' button whols an last, t' hard hat hed ta be fastent on. Frank was nobbut 'butter finngers' at t' best o' times an he wand t' mykkal roond an roond t' hat an roond t' lugs and roond t' neck whel t' poor chap was vannar chowkt. "Frank, thoo feal" Ah ses, "what ivver does ta think thoos deahan?"

"Them's just a few o' t' menny-tyes o' this district" hie! he mummellt as he fell doon an rowlt anundther t' lang seetle. Hoo. Sep Stamper gat his visiter hyam that neet Ah dunt kno (we nivver saw t' lik on him agen), bit Sep hed eneuf tyin-up string fer his gardin ter menny a lang year efther that,—an that was o' he gat oot ont fer that cockney 'clevver-clogs'—("Go Bon!" his neeame was "Borro" er "Backer" er summat o' that—Ah kno it began wid a 'B') went off an nivver payt a hawpenny fer o' t' "menny-tyes ov t' district" at Sep hed pervided fer his special bennyfit.

T' INSHOOERENCE MAN

by Irving Graham - North Cumberland Dialect

Th' inshooerence man cu's ev a freyda,
'N ah git oot me check beuk 'n pay,
He reytes it aw doon in his larl beuk,
'N then he mecks off on his way,
Noo ah divvent meyne payen a larl bit,
If its nut ower much ah dwoant care,
B't he fairly pot me awl back up,
When he sed, 'Dista wanta pay mair,'
F'r he com oot a purpuss ya munda,
When he new th't et yem ah wad be,
'N his gaffa com wid im ta help im,
B't that meade larl diffrence ta me,
Th' com 'n sed wat th' w'r efter,
Ah w'z under inshooert th' thowt,
Th' blethert 'n tawk't, aye f'r ages,
B't ah wazzent parten wid nowt,
Th' sed, 'Tw'd be till me advantidge,
If ah dubbelt me payments a week,'

'N et th' m an hed a s.. ..
Ah sez, 'Th'ts aw varra weel lad,
B't y'r floggen a hoss th't is deed,
Ah'm nut ganna pay ya aw that much,
Ah'll keep't in me pocket asteed',
B't th' sed, 'Noo thoo just think aboot it,
Coz in ten eer's teyme dwoant ya see,
Thoo'll be finish't wurk 'n on't penshun,
'N thoo'll git it back then, Dista see',
'Th'ts aw varra weel noo', Ah telt th'm,
'Thoo'll nut git roon ma wid that kyne a tawk,
Coz in ten eers teyme dwoant ya seen man,
Ah meyte be es deed es a mawk,
'N if nut ah cud be gaily waffey,
Mebby midlin, 'n liggen a bed,
'N it waint be nee gud till es then man,
Hoo ivver much looer ah hed,
See ah'll just keep a hawl a me looer,
'N spen it on wat ah think fit,
Sec es tecken off t' th' weeken,
'N ratchen roon't country a bit,
Ah cud give it ta thee ev a freyda,
'N pay tweyce es much es ya say,
B't then ah'd hev nowt left ta spen man,

Ah'd just scrat pocket-boddems aw day',
'Thats aw varra weel', Sed th' gadgeys,
'B't thoo meyte live till a canny awl eage,
'N thoo'll just hev ya penshun ta live on,
Thoo waint hev nee reguler weage',
'Wat odds noo', Sez ah till th' gadgeys,
'If ah git me looer aw spent,
Ah'll just sell th' hoose th't ah live in,
'N fin a larl spot ah c'n rent',
'B't lissen', Sed't gadgeys gay neyce leyke,
'Thoo's boond ta kick't bucket sum day,
Fewnrels dwoant cum varra cheep noo,
'N t' expenses ull aw be ta pay',
Ah sez, 'Yung-fella-me-lad noo just lissen,
Ah's awlder 'n wiser a thee,
Ah'll spen aw me looer when ah's kicken,
Ah carnt spen it efter a dee,
'N es f' me fewnrel expenses,
Ah'll nut wurry nin aboot that,
Coz when ah gan off ta me fewnrel,
Ah naw feyne th't ah waint be back,
Coz it cums till es aw in th' en lad,
Owther seuner a leater ya naw,
'N when me pleace is riddy up a beun lad,
Saint Peter ull give es a caw,
Then th'll berry ma deep in th' church-yard,
Er et C'leyle ah'll be sent up in smeuk,
Me frens 'n relashuns ull morn ma,
'N th'll put me neame doon in a beuk,
Then when me teyme cums f' ta leeve ya,
'N me awl ticker cu's till a stop,
Sum body ull pay th' expenses,
Th' waint leeve es liggen on top,
Noo ya thing f' shooer ah mun tell tha,
See just thee lissen ta me,
Ah carnt teck it up abeun wid ma,
'N ah's nut ganna give it ta thee.

T' INSTITUTE TRIP
By Mrs. ELIZABETH BIRKETT

Noo Aah doan't know what it's like at your W.I. but whenivver t' secretary tries te arrange a trip it's oalas t' seam. This yan wants te gah till Scarborough, that yan roond t' lakes an' t' udder till Darlington te buy stuff on t' cheap. Wey this eear it's been different. Ivverybody greed te gah till Edinburgh. Seah, on t' trip day we aw congregated up at W.I. Hall.

Daisy Hunter was theer but she'd left old Jonah Jack at yam. Mary Lizzie Gowlin was theer an' aw. Aah bet she nobbut hed a dry teaceak wid 'er te seav t' expense of a meal in yan o' them cafés. That's aw she ivver fetches for t' W.I. suppers. Lady Diddle Daddle com runnin' at t' last minute aw drissed up in 'er finery an' nut much in 'er pocket, Aah's warned.

Weel, efter a bit o' chunterin' an' argyfyin' aboot whoar ivverybody was gahn te sit we settled doon an' away we went. Efter a bit somebody shoots, " Let 'er oot, Jacky." (Jacky was t' bus driver.) " Whoah wants oot awriddy?" asks Jacky, a bit put oot. " Oh! neàhbody," says Meggie Donkin, " but if thoo dissent gah a bit faster it'll be time te co' back afoor we git theer."

My songs, Jacky did let 'er oot an' aw. Afoor ivver Aah knew we were at Hawick. Jacky tellt us that we wad hev hoaf an oor fer coffee an' sec like. T' hoaf oor flew by an' fwok wandered back. " Is ivverybody on t' bus?" shoots Jacky. " No ", says Lady Diddle Daddle, " I'm afraid Mrs. Mossop is missing." Just than t' said body com in seet carryin' a lang brass-topped fender. " She'll be putten that in t' boot likely," says Annie Mary Tyson. " She'll nut," says Jacky. Weel, t' upshot was et she hed te leave t' fender te God an' good neighbours an' yance ageàn we set off for t' city.

Aah was fair clemmed be t' time we reached Edinburgh. Aah think ivverybody was t' seam, cos we aw mead oor way till a big café on Princes Street. Neàh wonder we hed te pay si much for t' dinner. (Lunch they cawed it. Aah doant know t' difference, cept mebbe t' time o' day.) Aw t' waiters was drissed up like some fancy tom noddies an' yan sidles up till oor teàble an' says, " Yes madam?" " Can Aah see t' Me.N.U. please," Aah says. He hed t' tea towel draped ovver 'is arm (nut aw that white either). He sniggered an' gev me a lang list o' stuff te eat. Aah hedn't seen sec words afoor seah Aah says " Aah'll hev that an' that an' that," an' just pointed. T' furst was Consommé Julienne . . . nobbut gey waish soup, mair watter ner owt else. T' next was Quiche Lorraine an' pommes frites an' pois . . . just a cheese an' tomato pie an' chips an' peas (they med just as weel hev spelt peas t' reet way). T' last was riz aux poires . . . nobbut wattery rice puddin' wid hoaf a tinned pear on top. Shem an' a bizen, Aah thowt, an' that cost 75p (that's still 15s te me), fer aboot hoaf a croon's worth.

Noo, Jimmie Dalton, oalas considert rayder leet, sat hissel doon at oor teàble an' when t' waiter ast 'im wat he wanted he says, " Aah'll hev t' seàm as Mrs. Crellin." Mrs. Crellin was at t' other side o' t' room seàh Aah says, " He'll hev t' seàm as me." Efter Jimmie hed finished 'is dinner he put a shillin' under 'is plate an' went òot. Aah thowt he was gahn till you know where an' wad be back. He wasn't seàh leet efter aw. T' shillin' was for 'is dinner an' t' waiter teuk it fer a tip an' aw t' rest aw us at t' teàble hed te pay for Jimmie's meal.

Aw t' time we were eatin¹ a band was groanin' an' squeakin' on a laal platform (Aah can eat widoot a lock ov fiddlin' gahn on) an' dar bon, when we com oot a fella in a kilt was wheezin' on t' bagpipes. " Let me be oot o' this," Aah says, an' Aah up wid mi umbrel an' stops aw t¹ traffic on Princes Street an' woaked 'ovver te git t' bus fer t' zoo.

Aah wandered aboot amang aw t' animals an' at t' finish com till t' monkey house. Aah leuked in. They leuked oot an' Aah thowt they mud be laughin' at aw t' queer fwok et was goapin' in at them. Funny things, monkeys.

Efter that Aah mannished te gah till t' new Forth Bridge. Noo, that's a seet worth seein', bit what wid cars an' buses an' lorries whurlin' aboot Aah was fair dizzy an' langin' fer yam, seàh Aah meàd mi way back till oor bus, just in time an' aw. Aah knew Jacky hed tekken ovver lang te git till Edinburgh or else we'd been ovver leàt settin' off.

Noo Jonty Willie Hully cannot pass a pub, an' as usual, he was last te come . . . three sheets in t' wind an' singing " I'll take you home again Kathleen." Aah thowt, " Thoo'll deuh varra weel if thoo gits thisel yam."¹

Anyway, we'd seun left Edinburgh an' were mekkin' away fer Hawick ageàn. Mary Lizzie Donkin shoots oot, "Eeh, Aah've left mi umbrel at t' zoo." " Than it'll just hev te stop theer," says Jacky. At that she set off whinging " It's t' only present oor John gev meh an' he's nut here noo."¹ Aah knew 'at she gev 'im a divvel ov a life when he was here bit Aah said nowt.

A lock of whisperin' was gahn on an' afoor lang t' bus stopped aside a plantin'. T' men an' a bonny few o' t¹ women ran off intill t' wood. That's what co'es o' hevvin' seàh many drinks on t' way. What! this yan hed a bottle o' pop an' that yan a shandy. Ye wad think they'd been crossin' t' Sahara nut gahn till Edinburgh.

Weel, we were seun back at T' W.I. Hall an' Aah was pleased te be shot of the singin' an' yoolin' et hed fair deaved meh aw t' way back frae Hawick, an' when Aah catched seet of Oor Methoosaleh an¹ t' laal digby mi day was mead.

JACK AIREY'S TOFFY.
By JOE ROBINSON.

Can thoo mind Jim Thistelthet? He wes a gert, lish fella that werkt fer t' Manchester Corporation; he ust ta walk t' pipe-line ivery daa thet ivver cum fra Trootbeck, aside o' Windermer, ta Lang Sleddel. He telt me this teaale aboot Jack Airey. They'd bin doon et George Cannon's at " T' Eagle an' Child " ya Setterda' neet, gitten on ta Crissmas, an' the' aw hed hed fairish! Jim was gaan yam ta Reston Cottages wi' t' farm lad fra Ings Haw, efter closin' time. T' neet was es black es pick, an' thoo cuddent offer te see thi hand afront o' the' an' it wes rowky. Ther legs wes pletten a bit an' the' cud hardly keep te t' road. Aw ev a suddent the' hard summat stirren aboot in t' dry leeves in t' rooad side, an' ivvery noo and agean ther wes a gert grunt. Jim hed bin i' Jack's company, an when he telt this yan, he allus sed Jack hed gitten a fair skinful an' hed left rader afooar him. Sea Jim thowt it mud bi Jack, happen in t' gutter. Sea Jim inquired, " Is that thee, Jack?" " Aye, it's me, mi lad," sed Jack, " It's me, awer; an' Jim, Ah want ta tell tha summat." " Aye, ga on, Jack." " Ah want ta tell tha, Jim, Ah've lost mi toffy." Jim thowt ta hissel, " Dal, Ah mun tawk his waa' an' try ta persuade hem ta git up an' cum yam," sea he ses, " Cum on wi tha' Jack, that's mi lad. Ah hev a pocket full on 'em . . . baith treekel an' butter; thoo can hev sum o' mine. Cum on we'll away yam." " Nay," ses Jack, " I's nut cumman till Ah've fund me toffy." " Cum on yam, Jack, that's mi fine lad; thoo wants nowt scratten aboot theaare, this time o' neet; thoo'll nivver fin' it, it's that dark." " Well, thoo," ses Jim, " Ah'll be *bund* ta fin' it . . . Ah's nut boddert aboot mi toffy aw that much . . . but thoo sis mi *teeth's* in it!

JOBBY BROON'S FORTUN'.

A STORY TOLD BY MY GREAT GRANDFATHER, JAMES DOWELL,
OF WIGTON, AND WRITTEN OUT BY THOS. DOWELL, CARLISLE.

Oald Jobby Broon hed a gey rough teyme on't whan 'e gat up
in 'ears, tho' 'e'd wurk'd hard o' his leyfe.   His weyfe hed deed
whan ther oanly son, Robert, was nobbut a laal lad, but Jobby
browt 'im up hissel an' med a man on 'im.   Nowt was ower gud
for Robert, an' whan the lad gat hissel weddit, nowt was ower gud
for Robert's weyfe owther. By t' teyme t' granchilder wer cummin'
on, Jobby was gettin' past wark, an' as 'e'd givven o' 'e hed te
Robert an' Robert's weyfe, 'e hed te depend on t' yung cuppel for
'is meat.

Robert's weyfe was a graspin' swort o' body an' she seemed te
grudge the laal bit it cost te keep oald Jobby.   She nagged at 'im
for nowt at aw; an' Robert nivver spok' up for 'is fadder, for Maggie
wore t' britches reet aneuf.   The bairns seun gat inta t' habit o'
bein' impident te t' oald chap, an' Jobby just used te sit in t' corner
an' say nowt.   Aye, he was allus sarred last an' a warm pleace near
t' fire wassent for 'im.

Yae day he was tekkin' a bit wauk thru' t' fields whan 'e met
that wise oald Quaker, Mr. Wellins. Jobby was leukin' rayder doon
in t' mooth, an' t' Quaker chap axed 'im wat was t' matter wid
'im.   Sea Jobby spak up an' tell't 'im 'o 'is bodders.

Mr. Wellins lissent te Jobby's teal an' whan he'd dune sed in that queer way Quakers hev when they toak, " Come along with me, friend, and I will help thee." He tuk Jobby wid 'im te t' big hoose where he livved, an' axed 'im te cum in. He·med Jobby sit doon, an' than 'e gat a bag o' gowld sovrens oot o' a big keynd o' seaf, an' put it on t' teable. " Now lissen carefully te me " he sed, " I will lend thee this bag of gold to take back with thee. Hide it carefully from thy son and thy son's wife. When they go out, and thy grandchildren are alone with thee, count out the coins on the table. As thou countest, put the coins one in one heap, then one in another and say to thyself but so that thy grandchildren can hear ' Them that's good to me, I'll be good to them.' Bring back the bag of gold to me tomorrow, and I shall instruct thee further."

Oald Jobby went away heam wid 'is bag of gowld hidden in 'is pokket, an' that neet, when Robert an' Maggie hed gone oot, an' t' bairns were laikin' aboot t' kitchin, he brong oot t' bag an' startit coontin' oot the sovrens, an' as 'e coonted, he went ower the wurds just leyke the Quaker hed tellt 'im. " Them that's gud te me, Ah'll be gud te them—Them's that's gud te me, Ah'll be gud te them." The bairns left off laikin', an' stud watchin' their gran-fadder wid their eyes stickin' oot leyke goosegobs. T'oald chap tuk nea nwotis on them, bit went on coontin' till he'd gitten te t' end o' t' sovrens. Then 'e pot aw t' gowld back inte t' bag, an', shekkin' 'is heid, off 'e went te bed.

Whan Robert an' Maggie gat back, t' bairns cuddent hod ther-sels a minnet, " Fadder, Mudder," they fair shooted, " Gran-fadder's gitten a gurt bag o' gowld, an' 'e's been coontin' it oot, an' mutterin' sek a queer mak o' rime. He's been sayin' ower an' ower, ' Them that's gud te me, Ah'll be gud te them.' "

Wey, Robert an' Maggie were that dumfoondered they didn't know what te think. They axed the bairns te tell them ower agean wat they'd seen an' what they hurd. " Lawk a massy " ses Maggie, " this caps aw." " It diz hooivver," ses Robert. " Fancy fadder hevvin' aw that gowld." They packt t' bairns off te bed an' they beath gat hedaches thinkin' aboot oald Jobby's fortun'.

Neist day, Maggie was a gey bit keynder wid Jobby, an' clooted the lugs o' yan t' bairns for impidence te t' oald chap. Jobby

thowt a lot, bit 'e sed nowt, an' later on, whan 'e gat t' chance,
'e slippt off te Mr. Wellins' hoose wid the precious bag o' gowld.

Mr. Wellins axed 'im if he'd deun just as 'e'd tellt 'im and Jobby
sed 'e hed.

"Well, now," sed t' Quaker, "I have something else for thee."
He went oot o' t' room an' cam' back wid a weel meade box. There
was summat inseyde t' box an' inseyde t' lid was a bit peaper wid a
lot o' wurds written on't. The box hed a lock on't an' Mr.
Wellins gave Jobby t' key an' sed te him, "Now, friend, take this
box home with thee. Let thy daughter-in-law see thee lockin' it,
but do not ever let her see inside."

Oald Jobby thankt 'im an', chucklin' away te 'issel', went
heam. He put t' box under 'is bed an' waited till neet afoor 'e
brong it oot agean. His dowter-in-law was bizzy weshing dishes
when 'e carefully examined 'is box an' just as carefully lockt it.
Maggie was fair brussen wid curiosity an' quivverin' wid exceyte-
ment. She was dyin' te ax questions, but she mannished te keep a
hod on hersel', and' sed nowt as oald Jobby went upstairs agean te
put t' box under 'is bed.

Fra that day, wat a change there was. Oald Jobby hed te hev
t' best seat near t' fire an' t' best bit at meal teymes. · T'bairns hed
te be civil te their granfadder noo. It was "Git oot o' t' way, an'
let thee granfadder see t' feyre," or "Cum an' git thee dinner gran-
fadder wheyle it's neyce an' warrum." Aye, oald Jobby hed nowt
te complain aboot than, an' 'e lived in peace an' cumfort till the
day he deed.

Efter t'oald chap's funeral, Maggie sed te Robert "Noo, wat
aboot oppenin' yer fadder's box, Robert. Slip upstairs an' git it.
We med as weel see wat's in't" T' box was browt doon an'
beath Maggie an' Robert breathed hard as t' laal key was put in
t' lock.

When t' box was oppen't their eyes gazed at wat was inseyde.
It was a laal wudden mallet; than they saw the paper that was
fassent inseyde t' lid. This was wat was written on't—

"Him that gives aw an' keeps nowt for 'issel,
Should be hit on the heed wid this little mell."

A LAAL BIT KULTER
By HELENA OLIPHANT

"Loave in daays, it fair caps cut lugs!! Hesta nut gitten plenty gardnin et yam? Ah thowt ther wes aboot a yacker on't at yan spot thoo's shiftit tull?" sez t' body gey capt like.

"Whia ther is teuh," sez Ah, "bit Ah can deuh wid a bit larnin aboot green hooses en flooers, en afooar yeh can deuh that yeh hae te gah e yan e these newfangelt cwoarses t' W.I.'s heven et Newton Rigg."

If yan passes t' test on waat the ca "Fundamental Knowledge in Practical Skills" yan can than gan foaret tull flooers en seck like.

Ten on us turnet up et Newton Rigg et t' end e March, fer t' fust cwoarse run be Westmorland W.I.

Nin on us spring chickens bit vannar aw ev oor PRIME!

Henry Noblett, breave fella, wad larn us hoo te groow vegetables, nin on us, barren mebbe yan, hed iver deun owt e t' sooart ev oor lives afooar, bit nowt dantit, awaa weh gahs tull t' plots, airmt wid speads, reaks, furkes, band twynt roond irren thyvels, meserin rods, en a barra leead e muck!!

"Mark yer plots," sez Henry "en than dig a trench fifteen inch wide be ten inch deep, en chuck t' soil reet ower tull t' other side e t' plot, en mind en put yer speade in reet, if yer *reet* handit, put yer *left* feut on t' speade."

Cush man, thinks Ah tull mesel, thoos letten thisel in fer a reet syentific set oot this time, nut te menshin hard wark!

Seea Ah tells Henry Ah hev a bad leg!! Waat wid yah ailment en another he lets three on us off this here trenchin, bit weh hed te ken hoo te mak somebody else deuh't.

Mind, uz three dudn't loss t' sweet et t' other uns did, ner waarn't es tiret owther! bit weh went roon waatchen en lissenen, en tellen t' others where the' waar gaan rang, en yeh sud just e seen t' leuks wih gat!!

By gom, hauf-past three seun com, en waas that tea good them lasses sarrat tull us.

Time en agean weh larnt aboot soft wood cuttins, hard wood cuttins, leaf cuttins, sowen seeds, planten taties, en aw macks, en hoo things groow en feed.

Hoo te keep t' top level, t' sides stright en t' stitches gaan North te Sooth.

Trevor Jeffcote varra payshently larnt us aw aboot seringes en sprayers, hoo te use them, en hoo te wesh them oot en aw, when weh'd finisht wid them. En he shewt us hoo te mak a sceale plan ev oor oan gardins.

Betty Balmain, a reet bonny lass, en varra sair larnt forbye, telled us hoo t' plants gat watter en muck en manure fra t' reuts tull t' flooers en fruit.

T' leuk ev oor feaces when she com tull Ossie Moses, Fottie Cynthia, Mykel Isick, en Simmy Beaces, must e bin summat te see!

Wheea en the deuce en lands aw these fwoak? thinks Ah, en, leuken roon et t' others, Ah cud tell et neabody else kent owther!

Awer, when aw com tul aw, the' waarn't fwoak at aw bit syentific neames fer t' way plants mannish te feed thersels en leev e spite ev aw culures e fleas, beetles, catterpillars, moths, slugs, sneevils, weevils, pigins, rabbuts, mowdies, dogs, cats, sparras, en barns, mowld, meldew, druft, watterloggen, twitch, nettles, en neglect! en thems nobbut a few e t' pests en diseases!!

Neea doot yeh'll be as capt es weh waar te hear et weh aw past that Test!

A nicer frinlier, mair cheerful lot e hard wrowt W.I. members yeh cudn't hae fund. It wes grand gitten te ken them fower lasses fra yon side e Shap Fell, weh dunt see plenty be hoaf e t' Sooth Westmorland foak—grantit ther twang's a bit queer, bit ther reet canny whea yeh git te ken them!

Noo, if yeh waant a day off a week, wid yer ten o'clocks, dinner en tea aw riddy meade fer yeh te sit doon tull, gah on t' varra neest W.I. gardenin cwoarse et Newton Rigg en Ah's waarent yeh'll injoyt es much es us lot dud.

LAAL RED RIDIN' 'UD
Sally Roberts (Caldew)
(Reprinted by courtesy of 'Cumberland News')

Yance ower, a gai lang time sen, a lass bee t' name o' laal Red Ridin' 'ud thowt she would ga 'n' see grandmuther we was liggen an a bad fettle.

Afoower she went, er muther shooted: 'Hedn't yer bitter tek er a laal bit o 'summat in ceas she' hungerd?

'Ah'll put er a bit ginger bannick an' a bit apple pasty in a swill, an thoo can tek er a lok o tea in a bottle wid a sock ower it te keep it wahrm.'

Se t'laal lass set off doon t'lonnin. She lowped ower t'yat at t'bottom se she could tek a short cut through t'wood. After a bit she thowt she would pick a few floowers te tek til grandmuther's - pissybeds, an sec as that.

While she was dyern that, t'woodcutter clapped eyes on er an said: 'Hoos ta gan on lass? St'a awreet?'

'Aye, nut se bad. Hoo's thoo?'

'Gaily weel. An' where's ta gaan teday?'

'Oh, ah's gan te me grandmuther's cos she's abed a bad fettle.'

'Oh aye? Well ah'll be seen tha.'

'Aye. Tarra.'

When aw this was gaan on, a wolf was liggen a back of a tree wid 'is lugs cocked! An 'e thowt til issell: 'Ah'll ga 'n' lee in t' bed instead o' grandmuther an' ah'll guzzle that lass in nee time at aw . . .'

E got issell theer, sneaked up a back o' t'old body an' grebbed er bee t'lugs. By! there was sec a shoot-up.

But at last e' managed te git er bonnet an' 'er bed cleuthes off an put 'em on issell.

Then 'e bunnled grandmuther in till t'cupboard an' barred t'sneck. E crammled in t'bed an' happed issell ower wid t'quilts an' sec like, an' there was a rattle up at frunt doower.

'Cum thee sell in, laal Red Ridin' 'ud; t'doower's oppen.'

'Hoo's ta dyern grandmuther? Ah've browt sum goodies te cheer that oop. Tha's kina howe looken!'

'Nee. Ah's rether better teday.'

T'wulf was liggen wid is big snoot powken ower t'top o' t'cleuthes . . .

'Grandmuther, what greet yaks thoo's got!'

'Aw t'better te see tha wid, laal Red Ridin' 'ud.'

'By! Thee lugs as growed an' aw!'

'Aw t'better te hear tha wid.'

'An' what a greet gob tha's got.'

'Aw t'better t'guzzle tha wid!'

T'wulf lowped oot o t'bed an chessed laal Red Ridin' 'ud reet run t'hoose. T'poor beggar shooted fer aw she was worth . . .

But twas nee gud. E cethced 'er, stuffed 'er in 'is gob, cranched away fer lang enuf, an swallerd 'er reet doon.

Then 'e settled issell doon on t'bed feelin' fair pleased wid issell. 'E rubbed 'is belly an gev sec a greet bowk as yer nivver eerd - it even med t'pot rattle under t'bed.

"LEYDE BY" or "T' W.I. trip to York."

Hannah M. Park (Mid Cumberland)

A letter till me frend in Australier

Me dear oal Sal,

Wat a lang teyme sen Ah've mannished ter git a letter off till yer. Hooiver, Ah's ganna tell yer aw aboot oor trip wid t' institoot. Nivver in aw me bworn days hev Ah bin amang sec a carry on!

Hauf past six ev e Setterde mwornin, stannen roond cross-rwoads leuken up t' hill, en hauf on us nut reet wjeken, but we hed put on oor cwoats keynde smart leyke en hed gobbled a bit brekfast. That Kitty Candy hed bowt a gey flash hat wid ya greet fedther in't. Hev ye eny ev them ostrich burds oot theer, Sal? Cud yer git me ya fedther e bit langer ner Kitty's? Bus com, en ther was e bit ev e skruffle fer t' back seat, bit Ah've gitten past that thoo knaws. Seah off we set.

Efter a gran view ev Skidda en aw oor bonny hills roond aboot, we gat till Pearith aboot hauf past seben. Noo, t' lass in frunt ev me sez, "Bai gocks' can ter nut hear summat rattlen?" "Nay, nut me,' sez Ah, Ah thowt she wuz e bit flayte en mebbe hed gitten up ower seun. Hooivver when we stoppt et yon greet hotel spot et Scotch Corner, t' fower men fwoaks wid us hed e leuk et t' bus weels, bit they fon nowt rang. Seah off we set agean, bit it wus fair heart renderin ter see aw t' hay wjasten, just sjeam ez at yam - lumps en dozzles ev aw macks, yan blacker ner t' udther. shaf! It diz neah gud ter worrit en we *war* aw oot fer t' day's enjoinment.

We gat a gran leuk et 'Arrogate en their wunnerful gardins, sum fwoaks tellt aboot **Baths**, bit ah kept oot et rwoad en them. Ah's nin ower keen on them even at yam, seah Ah can't tell what for yan wad gah ter see them et 'Arrogate. Sun *waz* shinen theer en yah daft body thowt we shud ev aw bin et yam in t' hay field. Ah just tell't her et that feller up in t' sky wuz a lot better 'aytimer ner owther 'ersel ner me.

Ivverybody hed anudther leuk et t' bus weels agean afoor we set off fer York; neahbody fon owt rang bit Ah nwoticed a laal bit rattle en rummel on t' corners, Ah axed t' driver ter git bus leuked at i' York. Hez te ivver bin roond York Minster? Ah's sennen the e laal few picturs on't. Them fellers et built churches e lang teyme sen mun hev bin gayclivver. Sec a heet! - reet up intil t'sky yan wad think, wunnerful statues 'n carvin en stjeyned-glass winders, it fair caps owt! Than we hed e walk on t' waas, fancy waas thick eneuf ter walk on en dazzelen wheyte. Than theer's that street, caw'd t' Shammles, reet aald fashend wid hooses hingen ower t' top on yer. T' udder thing Ah'll tell the' aboot waz t' Castle Museum, aw macks ev bonny things, bit t, yan Ah leyked best waz t' Moorlan' Cottage wid stuffed sheep en dog that leuked reet alive en neak mistak.

Ter git on wid me tjeal, we set off yam et hawf past six. Loave-in-days! nut five minits efter we gat gaen, ah felt en awful rummel up agean reet under me seat. Ya body wuz flate en gat up en stood et dooer-nut varra sensible waz it Sal? Efter a laal bit, t' bus driver com in en sez, "Ah doot summat's wrang". Seah fower mile short ev Scotch Cworner he gat intul a gap in t' rwoadseyde caw'd e LAY-BY - ez ter' enny ev then ower theer? This yan waz under trees en varra dark. T' driver leuked et weels en sez, "Ah doot it's ganna cum off". Ennyrwoad, fower fellahs en t' driver left us wimminfwoak theer en went ter git telephoned yam ter tell them we'd be leyte, en ter git anudder bus .... seah, theer we war, 'leyde by'. In't bus som fwoaks sang a bit, udders telt aboot their feet fair 'stanken' wid trudgen roond t' streets. When it gat kinda dark a lot on them war flate, seah Ah hed ter climm intil driver's spot en try aw sworts ev buttons en efter a bit t' leets com on inseyde t' bus-Champion! Theer we war vanner three hoors 'leyde-by' till anudder bus com.

We gat back till t' crossrwoads aboot hauf past two et mwornin. We gat oot gay fast en lisher ner Ah thowt possible. Ah ran helter-skelter up t' lonnin yam. Sum on them sed the'd follered me e laal bit ter see if Ah wuz aw reet. Ah'll bet Ah wuz in oor kitchin afoor they wur abed, fer aw Ah hed yah gud meyle ter gah.

Next .trip Sal, Ah's ganna tek oor hammer en test awt' weels afoor we set off, Ah care nowt aboot beean leyde by fer three 'oors.

Warra best wishes till aw on yer. Hoo's Jack's rumaticks?

Luv frae yer oal pal, Nan.

P.S. Divvent fergit aboot t' ostrich fedther, will ter?

Many a slip

by
Mary I. Hawes (South Westmorland)

"If thoo gaas doon ta t'village an' gits me a lile bit o' yust, Ah cud git on wi' mi beeakin'," sed Martha, "Ah went an' fergat it wen Ah wus doon o' Thursda'".

Noo, ther wus a coverin' o' snaa, wi' ice belaa that an' Ah wasn' seea keen a gaan. A lile slip on that slape rooad an' ye cud du owt! Bruck a leg or summat, but Martha 'ed gitten ruddy ta mek sum breead, seea ther' wus nowt for it but ta gang!

"Put thi ofe-thicks on," ses Martha. "The'll odd thee better'n them 'orse eeads."

Seea ah gits ruddy an' Ahs off.

Ah'd nobbert gitten oot o t'yat wen Matt Lucas cu's by. Ee es a lile farm further up t'looan an' Ees awreet as a nebber but fur ya thing -Ees allus ruddy ta finnd fault wi' owt ye've dun, an' wen Ee catches ye duin' summat Ee allus thinks as ow Ee cud du it better!

"Ah see ye've putten a lile en 'ut up," ses Ee. "Wadn't it a bin better if thou'd put it ower theear? Its gaan ta git aw t'wind."

Ye see wat Ah meean? Ah've nivver knaawn 'im miss finddin' summat wrang.

We argeed a bit an' Ah ung back. Ah didnt want ta match 'is girt strides. Ah watched 'im gaa doon t'looan an' inta t'rooad ta see if Eed slip ur owt. Then Ah'd knaa oo bad it wus, but Ee went doon wi' 'is girt strides like a lampleeter.

Ah let 'im git oot o' seet an' Ah set off. T'looan was'nt bad, but t'rooad wus gay slape.

Noo t'shop wus reet at t'other end o' t'village an' theear t'rooad was warse nur ivver.

Ther' wus cars parked on ayther side. Will Breaks hed 'is parked wi' t'front end blockin' t' drive leeadin' ta t'wood mill. "Thoo cant't leeave it theear," Ah ses "Somebody'll surelie want ta com oot ur gang in".

"Ah'll nut be seea lang," ses Will, but then t'mill manager cu's in beint 'im wi' 'is girt car. Noo, Ee's a fella as nin on us is ower fond on. Ee gat oot an' Ah cud see Ee wus gan ta git at Will, but Ee nobbert sed three words-

"My good man —" an' 'is feet shot frae under 'im an Ee wus doon! Ee's neea leet weight an' Ee went a fair old lick!

Neeabody 'elped 'im ta git up but wen Ee'd mannished Ee ses, "Don't you see you've blocked the entrance to the mill? Move your car a yard or two back. Your own sense, if you have any, should have told you to park with more care."

Will gits intul 'is patched-up aald thing, wantin' owt but bother. Noo, ee wus nivver knawn ta be gentle wi' it, but Ee went back at sic a lick that 'is rear end went reet inta t'frunt o' t' manager's girt car.

Ah heeard a crash an' a tingclin' o' glass.

Ah thowt t'manager wad a' ed a fit ur summat, seea Ah did mi best ta stick by Will, ow be it Ah knew he wus in t'wrang.

Ooivver, ther' wus nowt Ah cud du, seea Ah sets off doon t'street.

Thoo knaws aald Jane Ann as lives in t'village? That yan the' caaws Aunty? She com ta t'dooer as Ah went past. "Will thoo 'elp me ta git ta t'posst office fur mi pension," she exed "Ah's that flayte ta walk wen its slape." Seea Ah gits odd on 'er arm an' we went turble slaa ta t' post office. Then acoors, Ahed ed ta bring 'er back. "Cum in," she ses. "An' 'ev a drop o elderburry wine." Ah tellt 'er as ow Martha wus 'ingin' on fur t'yust so's she cud beeak.

"Ga an' git it," she ses. "Ca as thoo cus back an' Ah'll ev it ruddy fur thee."

Seea Ah gits ta t'shop an' buys mi yust an' in cu's Ned Rowlin fra' that girt spot ower bi t'plantin'.

"Ah've bin watchin' thee," Ee ses. "Thoo walks like a cat on cockles. Thoo shud stride oot as if ther' wus nowt on t'rooad. Its far seeafer than t'way thoo tackles it. Ah nivver tek any gome on it. Just walk ordnaary."

Noo Ee'd nivver thowt as ow Ee wus nobbert ofe my age.

Ee buys fower o' them Pies, as I reckon nowt on, an' Ee's off. "Watch me," Ee shouts "Ah've nivver bin doon yance!"

Ee wanted ta gang ta t'uther side o' trooad, an' Ee'd vanner gitten ower wen 'is feet shot fra under 'im an' doon Ee went. Bits o' pie flew aboot a'ower t'rooad, but Ee wus neea warse. Ah's thinkin' Ee waint be stridin' owt seea mich i' future.

Ah thowt it best nut ta ca'at Jane Annes, but she wus in t'dooerway waitin' fur me.

"Ah've laited a bottle Ah med last eear," she ses, "Cum on in."

Ah thowt ther' wus neea 'arm i' tekkin a few minutes. Ah've nivver bin in a meear cosy lile oose! Fire lowin' up t'chimla, a cat liggin' on t'arth, an' a chair pulled up onta t' arthrug.

Ah gat misel settled, Jane Anne wus in t'rockin' chair, an' ther wus a lile teeable wi' t'glasses an' a bottle, an' a lump o' currin ceeak.

Ah cud a' stopped theear aw t'day, an' meear Ah thowt aboot gaan an' warse it wus. Jane Anne gat on aboot things she remembered fra lang sen.

It wus nobbert wen t'things on t'mantle piece seeamed ta be movin' that Ah med ta gang. Ah'd just gitten oot o' t'dooer wen Ah eears a tractor, an' alang cu's Matt Lucas.

"Git i!" Ee shouts. "Ah nobbert ed ta gang fur this tractor. It'll be a deeal seeafer fur thee."

Ha wus reet glad, 'cos Jane Anne was turble gud at mekkin' wine, an' Ah wus nut ower stiddy. We were back i' neea time. Noo Martha nivver gits on mi track seea mich, but she wasn't ower set up.

"Ah'll be beeakin' at tea-time," she ses "Appen supper time if t'breead doesn't rise. Es ta bin in t'pub? Ah'll ga' doon misel next time. Ah nivver sid sic a fella fur gittin' lifts! But just as weel thoo did! Thou doesn't luk ower smush!"

Ah'd mannished awreet, but Ah'll be glad wen Winter's ower!

But Ah'd ed a grand mornin'!

MARTHA AND T.V.

By E. W. BIRKETT

Aboot twac 'eear sen Oor Methoosaleh and me was comin'
back frae Whitehebben market in t' laal digby alang t' Loop Rwoad.
Aah says till im: " Methoosaleh, theer mun be a few fwok up 'eear
boddered wid smook in ther chimleys."

" Hoo's that?" he says.

" Wey," Aah says, " leuk at aw them laal aluminimum gates
tied on till t' top ov a lang stick on t' chimleys."

At that Oor Methoosaleh brast oot laughin'. " Wey, Martha,
lass, did thoo nut know. Them's t' aerials fer t' new Television.
Thoo knows, wireless wid picters."

" Oh," Aah says, " happen t' chimleys 'll nut stan' up till a
good thunner storm noo, seah we'll just keep on wid t' old wireless."

Next time we went te Whitehebben Aah nwoticed that vanaar
ivvery hoose hed a laal gate on t' chimley. An' afoor seah lang
oor next dooer neighbours at Dockercleugh put up yan o' them
fancy aerials. Theer's nowt shoort at Dockercleugh. T' old
fwok retired last May an' let t' son an' his fancy wife come till
t' old pleeace. She meks coffee in t' lounge ivvery mornin' fer wat
she thinks is t' gentry. T' son's yan o' them college trained
farmers an' he caws hissel a hagriculturist noo. He weears a white
pinny fer milkin' t' coos an' hes ivverything t' leatest, bit nean o'
his beas' is hoaf as good as Oor Methoosaleh's pedigrèe Friesians.

Bit let meh git on wid mi teàl.

Yah teatime Oor Methoosaleh comes in an says, rayder whyet
like, " Wad ye like te see t' television, Martha, lass?"

" Wey," Aah says, " Aah deuhn't know. Aah hev a lock o'
chowed oot stockin' heels te darn for theh an' thi kitle wants a
patch on't."

Bit Aah could see Oor Methoosaleh waa efter summat.
" They've ast us te gah till Dockercleugh tomorrow neet fer oor
supper. A few o' t' other farm fwoks is gahin' anaw." Wey, t'
upshot was et we finished up seun an' away we went te see t' leatest
marvel. When we gat till t' hoose Aah says, " Methoosaleh, lad,
Aah knew they wad lant theh. Theer's neahbody at yam. Theer's
neah leet in t' winda."

" Come on, lass," he says, " it'll be awreet."

It was an' aw'. It seems t' leets hes te be oot er ye'll see varra
laal o' t' picters.

Aah knocked on t' dooer. Efter a bit Mrs. Dixon, t' old yan, comes till t' dooer.

"We've come alang te see t' Television," Aah says. Gox-on, when she answered meh Aah thowt she mud hev lost er voice an' mud be bad. Aah could hardly hear er speak. "Come in," she says in a whisper. Seàh Aah says, "Aah's sorry ye're nut seàh grand, Mrs. Dixon." She laughed at that an' says, "Oh, we can't make a noise when T.V. is on."

Wey, we went intill' t' sittin room, aw in t' dark, an Aah vanaar fell ovver twae er three fwok sittin like statues an' leukin at a laal picter neah bigger ner a laal tray. We gat sitten doon at t' finish bit neàhbody spok. Noo, ye'll remember at t' last time Aah was at Dockercleugh they hed a seeance an' t' leets was oot than. Happen they hev te seav on t' leets te pay fer t' coffee mwornins.

"Hoo lang hev we te sit in t' dark?" Aah asks.

Somebody says, "Sh." Seah Aah did.

T' picter was nowt ower, just a lock ov hoaf-neaked lasses singin an' dancin. It wad suit old Dixon cos he used te be gey keen on t' lasses. Happen he still is. Them lasses on t'.screen wad hev been mair yuss fer tatie boggles Aah thowt. Hooivver, theer's neah coontin fer teastes likely.

Afoor ivver Aah knew theer was a greet lock ov white spots aw ovver t' picter. Mr. Dixon, t' young clivver yan, says, "Oh snow, Bother," an' jumps up te turn a knob er screw er summat.

Aah says, "Nay, wat, it's nut snowin noo, surely. It's vanaar May."

Theer was a few snerts an' giggles, bit Aah deuhn't know wat they were laughin at. Aah wondered when t' supper was comin, bit neahbody mead a move. Bi this time mi eyes were gitten tired watchin aw t' white spots fleein ovver t' picter, seah Aah says, te change t' atmosphere a bit, "Hev yeh set monny cleckins ov eggs this eear, Mrs. Dixon?"

"No," she whispered, an' said neah mair. Aah thowt she mud hev mead nowt oot wid them seah Aah thowt Aah wad change t' subject.

"An' hev yeh monny coaves te sarra, Mr. Dixon?" Aah says. He whispers, "No," an' said nowt else.

Aah could hev tekken a thivel an' felt them aw sitten theer nut speakin efter they'd ast us up fer oor supper. Aah was that

mad Aah oot wid mi pocket ankercher an' gev mi nwose a good
blow. Aah thowt Aah heeard somebody say, " Tt, Tt."

Wey t' picters come fleein ovver t' screen agean an' theer was
toakin an' singin' an' aw things, an' still neah sign ev supper.

Noo, Oor Methoosaleh gits fair clemmed if he hesn't hed his
supper bi eight o'clock an' Aah thowt te misel, " Theer'll be some
fun just noo," an' theer was.

He stans up an' says, " Wey, Martha, lass, Aah think we mun
be gahin yam noo." Mrs. Dixon says, " Oh no, we're just bringing
in the sandwiches now."

" Sandwiches," Aah thowt, " warse ner ivver, Ye canna keep
Oar Methoosaleh full wid sandwiches. He can eat a loaf hissel."

They landed in wid a laal cup an' saucer an' a plate apiece,
just like.doll's cups an' saucers, an' a plateful ov sandwiches aboot
two inch square an' a few laal teats ov ceaks. " This mun be t'
new fashioned way," Aah thowt, " bit yan can oalas hev another
supper when yan gits yam."

Wey, we ate oor ceaks an' drank hoaf cold tea an' bi that time
Aah was riddy fer yam. It was nobbut nine o'clock an' t'
programme gahs on till aboot eleven o'clock. They wadn't let us
come away till aw was ovver.

Young Mrs. Dixon says, " We've been so pleased to have you.
We hope you'll come again." Aah says, " Wey, thank yeh, mi lass,
bit next time Aah think Aah'll come i' dayleet." Than Aah ast
them te come te Purlin Steans. They said they wad like te come.
Aah thowt te misel, " Yiss, an' Aah'll mek yeh some potted meat
an' cream ceaks an' brandy snaps an' some yam mead dandelion
wine like t' gypsies yuses te Christen ther barns, an' we'll hev a
good leet, a good feed an' a good crack, an' theer's nowt can bang
that.

A PAGE OF HISTORY

By HAROLD FORSYTH

This 'Merican fella com ta Nether Banton las' back-en' an' stopped wid Joe Ridley at Mossdyke a la-al bit. Wat Joe thowt on him he nivver let on; he wassent a chap 'at oppened his gob ower weyde at t' best o' teymes, wassent Joe; an' as this 'Merican was a swort o' secind cuzzin, mebbe he thowt bluid wes thicker ner Staate-control bitter. Bit if Joe dudn't say ower-much, his visitor meade up for 't.' He'd a greet flashy car wid t' steerin' wheel on t' wrang seyde an' ivvrythin' alse aboot him wes t' seame mak'.

He wes fer ivver ga-an on aboot hoo gran' leyfe wes in t' Staates, t' lan o' weyde oppen speaces. Wey, ses he, this la-al country could be putten doon in a smo' cworner o' Texas, an' wad nivver be missed. T' lan' ov oppertoonity, he co'd it, an' sed— ower an' ower agean—'at a chap 'at scrattit a bare leevin' oot o' t' lan' i' this neck o' th' woods wes nowt mair ner a hoaf-thick, when ther' wes fortins ta be picked up in sec spots as he com' fra'.

He hed a stock o' rwomantic teals aboot hoo t' Staate o' Texas wes foonded, an' hoo t' West wes won, 'at he tell't ower at greet len'th, an' finish't off bi axin' wheer in aw t' rist o' t' warrld wad ye fin' sec a spot. Bi t' teyme we'd hed this lot fower neets runnin', we could hev tell't 'em ower wid him.' At t' fifth teyme o' axin', Ah could see 'at Jonty Milligan hed summat up his sleeve—sea when oor 'Merican friend stopped fer breath, Ah ses: "Toakin' aboot his-torical teals, wat wes that 'un ye war on wid t' udder neet, Jonty?"

"Whey," ses Jonty, picken' me up smartish, " Ah divvent knaw wat trewth ther's in 't, bit mi granfadder use't tell it, an' it gaas back a bit afoor *his* teyme. He sed, did gran'fadder, 'at efter owd Noah hed bin croozin' aroon in his ark fer a good bit, his sons went till him. 'Fadder,' they ses, 'We've gitten a problem. It's them animals.'

'Wat aboot t' animals?' ses Noah, 'We've gitten eneuf fodder fer 'em, Ah's sartin o' that.'

'Oh, aye,' ses t' sons, 'It's nut *that* en' 'at 's causin' t' bodder. Thoo knoas, whoarivver ther's stock, ther's muck, an' if this voyage gaas on much lang-er, t' ark 'll sink under t' weight on 't. We're gitten varra low i' t' watter as 't is.'

'Nut at aw', ses Noah; 'Ah've tell't thee afoor Ah wannt nowt weastit—yon muck'll be varra useful when t' please dries oot a bit.'

T' lads chuntert on, tryin' ta git t' owd man ta see sense, bit he wadn't be budged, sea at las' they gev up. Bit as teyme went on, summat o' wat they'd sed began ta bodder Noah, an' ya day he thowt he'd best check up. Sure enough, he fun' t' ark wes settlin' doon still lowwer in t' watter—an' he gits a reet flay when he sees,

fer t' furst teyme, hoo much muck ther' is. Sea he co's t' lads
tagidder, an' ses ta them:

'Noo, mi lads, neabody'll ivver say 'at thi fadder cannot own
up when he's bin mistean. Nea, hard feelin's; ther's nea teyme fer
that—let's git shot o' yon lot. Git a shovel apiece—wimmin-fwoak
an' aw—we'll hev it fettled i' nea teyme.'

Meynd, it teuk a bit langer ner that, bit at last they gat it aw
towped oot. An' they reckoned 'twas t' biggest midden ivver beheld
bi`man er beast in aw t' history o' t' warrld."

Noo, t' 'Merican hed bin lissenin' gey clwosely, an' when Jonty
stops he axes, kinda flummox't, if that's t' en' ov his teall, 'cos he
cannot see t' point on 't. Wat happen't till t' ark, than?

"Eh, nowt much," ses Jonty, offhan'. "It went on its voyage,
leyke it did afoor, bit a gey bit hee'ar in t' watter."

. Bit Ah catch't t' teall-en' ov yan o' Jonty's oal-farrant leuks,
sea Ah put in *my* twopennorth.

"Mebbe it's a dam daft question," Ah ses. "Bit wat becom'
o' t' muck?"

"Nowt at aw," ses Jonty. "It ligged theer, untouched, tull
fot-teen-neynty-two, when Kirstopher Columbus discover't it."

A Rasher ov Bacon

By EVELYN CRAGG (Appleby).

HAPPEN ye read in t' paper awhile back ov an ald man ninety-two, an' his wife eighty-fower, fratchin' ower a rasher ov bacon, an' axin' fer a seperation order? Weel, Ah laffed mesel badly when Ah hard aboot it. Jwoseph Henry, that's me husband, hed just set off to wark, an' t' bairns war laitin' ther hats an' cwoats ta gah ta t' skeul when Mary fra up abeuin com runnin' in. She meastly, wat, drops in if thear owt varra 'musin' or excitin ta tell us; an' Ah mun say cheery fwoak like hur keep yan alive.

"Hev ye read aboot thur two daft ald fwok i' t' paper?" says she.

"Nay," says Ah, "when yan hes bairns an' a chap ta set off iv a mwornin' yan hesn't time ta leuk in t' paper furst thing. Bit, whey, tell me wats amusin' ye."

"Weel," says she, "it's aboot a woman eighty-fower applyin' fer a seperation order because hur husband at's ninety-two fratched ower a rasher ov bacon."

"Loavin' days!" says Ah, "they mun be daft, or in ther dotage. Hoo did it start?"

"Hoo deu bickerin's start?" says Mary. "T' wife hed browt in sum bacon fra t' shop an' as t' ald man thowt it wasn't up ta t' mark he'd stormed an van-nar rivet t' spot doon. She'd campelled back, an' when he ast hur ta say she was sworry fer sayin' wat she did, she wadn't. Thear bin a kease on at cwort aboot it an' she wants a seperation. Wat, it fair beats hen reacin'. They git alder an' dafter."

"Aye," says Ah, "Ah whope me an' oor Jwoseph Henry divn't git like that. He's abeuin a bit twint noo-a-days, says nis heart's bad. Heart me feuit, Ah've ne patience wid him. As seuin as he cus heam he's oot in t' garden' diggin' an' ratchin', or else rushin' off ta t' Home Guard practices. It's indegistion that's wats bodderin' him. Men fwok 'll twine if ther laal finger aches. Just leuk at aw t' jobs o' wark a woman-body's gat ta deu in a mwornin', an' aw t' meaals ta mak. Ay, an' aw t' fettlin' an' mendin' ov a neet, an' niver a word ov thanks. They tak it aw for granted. Dar Bon! sumtimes Ah think Ah'll run away. Sum fwok want summat ta grummel at. Fratchin' ower a rasher ov bacon. An' wat, that reminds me Ah've run shwort ov fat. Ah'll away doon ta t' stores fer me rashuns; happen t' walk 'll clear t' cobwebs a bit."

Cummin' back up t' valley wid me basket Ah stoppt an' steuid a-while gazin' roond. Efter aw "it's a poor warld this if, full o' care, yan hes nea time ta stand an' stare," as t' poyet says. It's worth while noo an than ta stop an think a bit; it was worth while that mwornin' fer me. Thear was t' fells grand an towerin' an' aw misty an' blue wid t' haze on them; thear was t' beck bubblin' an' gurglin', an' t' cworn, aw gowlden an' ripe, wavin' in t' mwornin' breeze. Thear war aw t' laal cottages an farm-steeds nestlin' amang t' fields an' trees, an' Ah swort ov realised wid a feelin' ov awe wat it aw steuid for. Ah felt summat grand surge up in me heart; summat Ah can't explain. Ald memories, ald customs, ald sayin's, ald ways; summat 'at aw on us wad pass on tull oor bairns. While Ah was stannen' gazin' on it sum ov oor lads war feightin' an' deein' fer it. They ivery yan luived ther oan laal corner ov it; they luived aw t' things Ah was gazin on noo; things 'at steuid ta them fer aw 'at was worth while i' life. As Ah telt Mary aboot it efter, it was summat we mun cherish because oor oan kith an kin war lain doon ther lives fer it. Ah was a wiser body as Ah oppent oor wicket yat an' trotted up t' path wid me shoppin'. It was as gud as gaan ta t' kurk. Ah'll tell Jwoseph when he cus heam, Ah thowt ta mesel, an' happen he'll nut flee at me fer bin leate wid t' dinner. Anyway, Ah whope he doesn't flee at me like t' ald chap dud at his wife an' tak me ta t' ewort. Ah reckon them two ald feuils sud cum an' leeve in oor valley. They'd finnd summat grander, an' nut sea trivial in life as partin' ower a rasher o' bacon.

RUM BUTTER

(*Harold Forsyth*)

Ther's a Cummerlan' dish 'at is use't as a spreead
   An' t's nut bad ta mek' - it's nea bodder fer sum.
Broon suggar an' best o' faarm butter ye'll need,
   An' than ye mun add a greeat dollop o' rum.

Ye ma' spice it wid nutmeg er summat akin -
   Sum deuh an' sum divvin't - its juist as ye wish:
Hooivver that ma' be, Ah darsay ye'll fin'
   It gaas roon juist yance, an' they'll leeave nobbut t' dish'

Bit Ah heeard o' sum fwoak fra' a Lancasher' toon
   'At gitten sum sent - ta ther' heam twas addris't;
They scrattit ther' heeads as they aw gedder't roon',
   An' sed, t' yan till t' udder: **"Noo wat the heck is't?"**

They cam' ta't conclusi'n t' was sum keynd o' sweet:
   (Sec iggerant nwoshuns! sum fwoak willn't budge).
Th' meast they cud mek' oot, t' was summat ta eat -
   Sea they teauk a speun till it an' ate it leyke fudge'

Nex' teyme we'v a kers'nin we'll wreyte 'em a letter
   'Boot ten daays afoor, 'at we whope they can reead;
We'll ax 'em ta cum; than they'll fin' oot it's better
   Ta eat ther Rum Butter on bits o' broon breead.

T' SLEDDALE HUNT SUPPER

by Len Hayton (Kentmere)

Noo; yaa neet up Sleddale
As I can tell
Tull a taty-pot supper
I went wi Ron Bell

Noo t' missis en me
We're a lisle bit shy
We don't sing a note
So you'll understand why

I was in turble laa water
En fair wanted to fairt
When Ron who was chairman
Said we'll seun mek a stairt

Why, they stuffed us with taty-pot
Carrots and peas
While down under t' table
I was shakken at t' knees

Mi belly was brossen
En mi brutches were tight
I'd ta hod back me wind
Wid all o mi might

When taty-pot finished
On com't apple pie
I couldn't resist it
So I gev it a try

Well o't folk med us welcome
Fre far and fre near
En we ate t'apple pie
Weshed doon wid best beer

When t' last sindins were cleaned
En supper had gone
We got our directions
Fre our bearded Ron

As there wasn't a closet
At Sleddale School
Ye mun gang back of woa
Ta louse out ye tool

Noo there's yan thing certain
At sic a pill dill
You'll not cause pollution
If you whittle down hill

There's ne-ar need for loos
Nor a fine WC
If its up top of Sleddale
You've gone out ont spree

Well when we'd med water
En o' gitten back
Charged up our pipes
En hed a bit crack

Evening was grand
We were gitten on weel
For a taty-pot supper
I was just gitten t' feel

Then o'er o't hubbub
I hard this loud yell
Its time to get started
T'was the shout of Ron Bell

Well; there was singing, reciten
En folk tellen tales
While all of t' while
We were suppen good ale

There was revelry, laughter
Animated the talk
Interspersed by a song,
or a verse or a joke

The warmth of our laughter
And the strains of your song
We'll treasure in our memories
Our whole life long

So toneet when I hard it
The familiar yell
I'm here again
With the famous Ron Bell

A THRANG TIME WID HEAMS
by the late Mr Adair (Maryport)

Ah wad say theer nut many fwok noo-a-days at can mind o' oald Jobby Cafuet an t' shop at he used ta keep in oor vilidge. A varra good trade he used ta deuh an aw. It was a mazer what a heap o' things he used ta sell - ivverything at you could want varra nar. We used ta caw his spot t' lacal Gammidge's. An he kupt a lock o' stuff speshally for farmers, for he kent meast o' them roond aboot. He used ta sell seck things as car - reaps an John Robert an steable lamps an rines an whups, an aw that mak o' stuff.

SEATHWAITE   JEAN·HOLM

He wasn't a bad swort was oald Jobby. He wasn't that oald nowder, bit he seemed oald to us young chaps. He was a Jannick eneugh fellah, varra mannerly, an wad pass t' time o' day wid ivverybady as weel natur'd as yeh please. He hed oany yah fawt, hed Jobby, if it was a fawt, an that was at he couldn't abide ta git sellt oot of a thing, an nut ta hev it when anybody axt for it. Owt like that gregged em meast terrably, an meade em that kaimt an caukert theer was neah deuhen wid em.

Wey, some o' us young rappucks gat ta know aboot this failen o' his, an we meade it up ta hev a brek wid t' oald fellah. We hard yah day frae yan o' t' shop lads at Jobby hed just fund oot at they were sell't oot o' heams. He was fair narkt when he hard it. He said at heams wasn't things at was wanted ivvery day. That was yah blessin, bit aw t' seame it shouldn't ha happened. Yan nivver knew when somebady med want a pair. Wey, we young gyps hed a confab amang oorsels, an t' next day we startit ta carry oot oor plan o' campane as t' sayen is.

In t' mwornen Jobby was bummen aboot like a bee in a bottle gitten things in his shop i fettle for t' day when a young farm sarvint come in, an sez he, 'T' boss said ah hed ta caw in an git a pair o' heams.' Yeh should he seen Jobby's feace when he hard that. It went as lang as a pair o' heams itsel. 'Ah's sworry', he answert, 'Bit ah's sell't oot o' them. Ah'll hev some mair next week if thee maister can wait till than.' 'Wey', sez t' lad, 'Ah divvent knaw wedder he can or nut. He was rayder in a hurry for them; bit ah'll ax em', an off he pot.

T'oald chap was a glumpy an canapshus as owt aw t' rest o' t' mwornen, chunteren till hissel summet cruel, an leuken as soar as a crab. Hooivver, he cheered up rayder when dinner - time com, an t' smell of a tatie pot was waffed oot frae t' hoose. Efter dinner he was mair like hissel, bit aboot three a'clock a smart young fellah (a farmer's son) com in and said 'Good efterneun, Mister Lanket. I want a pair o' heams for me fadder.' 'Wey thoo can't git them than,' said Jobby, gloweren an gloomen at em, 'Ah's sellt oot, an won't hev any till next week. If thee fadder can wait ah'll hev some than'. 'Ah weel', sez t' young fellah, 'Ah'll tell em, an see what he sez.'

Jobby was fairly in t' suds by noo. He cawt t' shop lads for aw t' gowks an coaf - heeds an rapskulls he cud lig his tongue for letten them git sell't oot. Yan o' t' lads was hevven a laal snurt till hissel ahint a pile o' boxes when Jobby gat a glift on em. 'What's thoo fliaren an girnen theer for?' he sez. 'Ah'll mak tha girn at t' udder side o' thee chafts if thoo dizze't leuk oot'.

When tea - time com t' sarvint lass said it was summat awful. He was rearen an blaren like a billy - gwoat. Ivverthing was wrang tagidder. T' tea wasn't reet, 'twas ower strang; t' milk wasn't reet, 'twas ower dark; t' butter wasn't reet, 'twas ower white. T' teable wasn't reet 'twas ower hee; t' char wasn't reet, 'twas ower law.'

Hooivver, he'd keul't doon a bit when he com back intil t' shop, and things wasn't seah bad till aboot five a'clock. Than ah landed intil t' shop mesel ta tak my turn at baiten t' oald chap. 'Good evenin, Jobby', ah sez, leuken as innercent an possize as an oald yowe, 'Can ah hev a pair o' heams please?' Jobby lowped up as if he'd been stung wid a wamp. 'Noo leuk here', he sez, rampen and ragen aboot like a mda thing, 'Just thee git oot o' my shop. Theer summat queer gaaen on amang you lot, you an yer heams. If ah catch any o' you young gangrels aboot here agean ah'll give yeh seck a howkin at your mudder wadn't ken yeh if she met yeh in her poddish. D'yeh think ah's gaaen ta be plagued and tormented ta deeth be a lock o' raggabrach like you, yeh young taggelts? Noo tak thee skite an leuk slippy.' Ah thowt it med bé as weel to boo afooar t' blast rayder ner hev Jobby cummen at meh wid beath neeves, as he was fewin ta deuh. Seah ah sidled oot o' t' shop as whiet as a moose, leaven oald Jobby raven an talleren like a bull at a yat.

Weel we'd let t'oald lad a gay dance, an we hed neah nwotion o' pesteren em any mair. Bit noo ah's gahen ta tell yeh summat at ah kaaw yeh willn't b'lieve, bit it's true for aw that. It seah happened at a young farmer cawt Barras at leeved aboot three miles away, an knew nowt aboot oor carryens on wid t' oald chap, fund at he really needed a pair o' heams, an com till t' villidge to git them. He syzell't intill Jobby's shop, an sez 'Good evenin, Mister Lanket, could yeh let me hev a pair o' heams?' Jobby let oot a roar like a brattle o' thunner, an meade yah bringe at t' young fellah fit ta thropple em if he'd gat hod on em. Than he picked up a dog whup at was liggen on t' coonter an startit cracken it an makken aw kinds o' meemas wid it. 'If thoo's nut oot o' here in a couple o' tick tacks ah'll put tha oot,' he says, prancen aboot like a tiger wid t' teuthwark. T' young fellah scuftered oot at aboot fity mile a hoor. 'What's t' matter wid oald Jobby?' he says when he'd gitten weel oot o' t' rwoad, 'What, he's gaen clean tawpy'. Ah was stannen by watchen t'fun; an ah tell't t' young farmer hoo we hed been badderen t' oald fellah aw t' day. When ah'd tell't em he stopped rippen an tearen an startit to leaugh, an he laughed till he was wake. Me an anudder chap hed ta hod em up or he wad ha toytled ower onta t'grund, he was that helpless.

Jobby fund oot aw aboot if efter, an he went an 'pologised for what he'd said till young Barras. T' oald chap was seun aw reet agean, bit for a lang time if yeh wantit ta git his dander up yeh'd oany ta stop em an ax hoo he was off for heams.

Turkey Medler

by Mary Hawes — South Westmorland

Ah tell t' ye as ow Aald Bob was turble fond o' tellin' teeals, an' 'ere's anudder on em, just as Ee tellt it.

This is 'ow it went:— "We'll 'ev a turkey fur Kirstmas this eear," sed my missis. "Nay, Jeannie," Ah sed. "Nobbert two on us, an' a girt bird sich as that! We'll be ittin turkey fur ivver,· an' its summat Ah nivver ceeard aboot."

"Kysty, thoo is," ses Jeannie, "Ah've med up mi mind. Tek thisel doon ta Bill Benson's an' oreder yan."

Ther's neea shiftin' Jeannie wen she's set on owt, but ther's neea 'arm i tryin.' "Varra like ee es 'em a' ordered bi noo," Ah ses.

"Is ta gaan' ur ev Ah ta gang misel?" ses Jeannie. Ah put it off as lang as Ah cud, but wen Ah'd ed enow o' Jeannie's naggin,' Ah set off, thinkin' as it was that near Kirstmas, Bill wad a' sell t' em a.'

It was a langish walk fra' oor spot, but t' sun shon, an' Ah've allus kept misel i' trim. Wen Ah gat ta Bill's Ah wus fair capped ta find 'im a' fettled up, an' weearin' t' suit Ee allus kept fur funerals an' weddin's an' sich like. Main o' thirty eear aald, that suit, an varra like gaan on fur anudder thirty if Ee lasts that lang. "Wa's gitten burried?" Ah exed. "Just like thee ta think it mawn be a funeral," ses Bill, "Me an' t' missis is ga-an tul a do taneet. A turble grand do it is, wi' t' aald uns lakin' whist, an' t' yung uns dancin.' We're a' gaan. Gittin' picked up wi' Lowry's van at six sharp."

It wus nobbert atween three an' fower so Ah ses, "Gitten fettled up i gud time 'esn't ta?" "George is gaan ta du up fur me," Ee ses. Noo, ye might think Ee wus talkin' aboot a lad, but neea, 'is lass is ca'ad George 'cos Ee wus badly ta 'ev a lad wen she wus born, seea 'is missis settled fur Georgina, an' she gits nowt but George. Girt strappin' lass an' a.' She can annal owt ther is ta du aboot a farm. Then the' did 'ev a lad but ee's gomeless wen it cu's ta duin' owt. Nowt but a onlig! The' ca'ad 'im Leslie, mekkin' it warse nur ivver. Ivverything t' wrang way roond at that spot! T' lass shud a' bin a lad an' t' lad shud a'.bin a lass. Varra like ther's a reeason fur it.

"Hes ta sellt a' thi turkeys?" Ah exed. "Vanner a' ordered," Ee ses, "Thoo's nobbert just i' time. Ev a luk at 'em."
Bill sets off, kevellin' in 'is ofe-thicks ower t' cobbles, an' 'is missis tellin' 'im ta mind wat ee's duin,' an' we gits ower ta t' lile paddock an' sid a' t' turkeys, nin on 'em lile, a gradely lot. "Yan o' them du ye?" Bill exed. "Aw t' seeame ta me," Ah ses. "The' run aboot six pun' ten," ses Bill, an' Ah kneeow Ee menat in t' aald money. "Turble price!" Ah sed.

146

LAKELAND DIALECT SOCIETY

"Oor George'll 'livver it aw ruddy fur t' ovin a couple o' days afoore Kirstmas," ses Bill. "An' Ah'll tell thee wat Ah'll du. That lile un ower theear — thoo can ev it fur five pun ten. It wus t' lile runt, nivver thowt Ah'd reear it, but it'll be big onow fur thee an' Jeannie," Ah 'anded t' brass ower. "Is ta suited? Bill exed. "Thoo cud 'ev a bit o' pork asteeard. We'll be killin' t' pig next week." "That wad a' bin meear ta mi likin,'" Ah sed. "But Ah've neear wish ta fratch wi' Jeannie."

Is missis wanted me ta 'ev a drop o' elderberry wine, but Ah thowt it best ta be gaan afoore it gat dark. Ah went roond sum o' t' buildins, but the' were in a gey scrow, an' off Ah went.

Jeannie was fair set up, an, fair capped wen Ah tellt 'er t' Bensons were a' gaan tul a du. "We cud du wi' gittin' aboot a bit," she ses. "Ther's a whist drive in t' 'stute a couple o' days afoor Kirtstmas. We cud beeath gang.

Noo Ah's nut agin a gem of cards, but nut wen ye've ta traipse oot in t' caald. "Thee gang," Ah ses. "Ah'll luk efter t' hoose." "It cud luk efter itsel," she ses.

We argeed aboot it a' neet, but she ge' way in t' end an' sed she wad gang wi' Taggy Johnson. T' next few days she set aboot fettlin' a frock ta gang in, an' fair lukin' forrad tul a neet oot. But ther' wus neear peece, wat wi gittin' t' olly, an' mekkin' mince meeat, an' latin' cards as wad suit folk, an' teein' parcels an' sich like. It's just as weel that Kirstmas nobbert cu's yance a eear.

Then it nobbert wanted a couple o' days til Kirtmas. Jeanie spent lang gittin' ruddy fur t' wist. George landed in t' aald pick-up wi' t' turkey, an' it luked gradely, teed up i' fancy paper wi' a bit o' 'olly stuck on top. "Leslie wrapped it," she sed. "Allus gits t' easy jobs wen t' aald uns is dun. Fadder sent ye this wi' t' compliments o' t' seeason." She 'anded me summat wrapped in a bit o' t' Gazette, an' was off afoore Ah sid wat it was. Duz thoo kna, it was hofe a pig's eeard, wi' t' ring still in, an' a lile black eye lukin' up at us.

Wat wi' ya thing an' anudder Ah felt as Ah wanted nowt ta du wi' it.

"Ther's neea pan we ev as'll odd that," ses Jeannie. "An' ther's enow in t' oose as'll feed t' British Army. Tek it ower ta t' Johnsons. She'll be glad o' summat extra — 'er wi hofe a dozen barns."

Ah did as Ah wus tellt, an' Ah'd nobbert gitten back wen t' youngest o' Johnsons com ower.

"Mi mudder ses, will ye cum an' saa it i' ofe," ee ses. "She can't git it intul t' pan."

Ower Ah 'ed ta gang agen. It was a job nut ta mi likin.' Ah wus glad ta see Jeannie off ta t' wist wi' Taggy Johnson an' Ah settled misel wi' t' Gazette an' t' Farmers Weekly an' a bit o' peeace. Or seea Ah thowt!

Ah 'eeard a car stop. Oor lass, Betty, co' through t' yat wi' 'er 'usband, 'im carryin' a size of a parcel. "We've browt ye yer Kirstmas present," ses Betty, "Ah eeard Mudder say as 'ow she was set on a turkey fur Kurstmas dinner so 'ere's yan wi' a pun' of sossidges ta ga wi' it, an' a bit o' fatty bacon ta cover it in t'. ovin. Ah'll tek 'it inta t' back kitchin."

Ah knew she wad see t' yan awruddy theear, seea Ah ses, "Leeave it war it is, Ah'll tek it away." "We're on oor way ta t' wist drive," ses Betty, "An' we're runnin' it fine. We'll be roond Kirstmas Day." An' off the' went.

Ah carried t' turkey, an ligged it alangside t' other, wishin' Ad'd nivver bowt yan. Ah felt turble moidered.

Ah hedn't gitten seea far in t' Gazette wen ther was a knock on t' door. A couple o' lads were theear wi a girt parcel. "Ye mind buyin' sum drawing tickets fra us way back i' November?" yan on 'em ses. "Ye've won t' prize — a turkey fur yer Kurstmas dinner." Ah was gittin' flummoxed.

"Thank ye kindly," was a' Ah cud say, an' the' were off, neea doot ta t' wist drive.

Noo ther wus three girt turkeys, an' t' yan as Ah bowt was t' leeast. Wat we were gaan ta mek on 'em Ah edn't a thowt. It wa ofe by ten wen Jeannie co' eeame. She walked in wi' a girt parcel, planted it on t' teeable, an' sed, "Wat's ta think? Ah've won a turkey." Ah sed, "Thoo'd best ev a luk in t' back kitchin." Jeannie's feeace was a pitcher, an' then she sat doon an' laffed till she was like to choke.

'Aw varra weel," Ah sed. "But wat are we gaan ta du wi' that lot?"

She 'ed yan of 'er ideas as allus meeans summat fur me ta du. "Ther's a market tamorn," she ses. "Johnsons is gittin' off bi. sebben. Thoo maun gang wi' 'em an' git a couple o' these sellt. We'll ev t' leeast o' these fur Kirstmas an' Ah'll mek room in t' fridge. fur anudder on 'em fur t' new eear." Ah 'ed ta be up by six an' ta t' toon wi' t' Johnsons. Neea bother at a' ta git shot o' twa turkeys at five quid a piece. Ah kna Ah wus inta pocket, but mi mind's med up. Next eear we 'ev a bit o' pork, an' mek shure oor Betty knaws. Ah'll nut be seea keen a buyin' raffle tickets nayther.

Weel, next time Ah ca' ta 'ev a bit o' crack Ah'll tell ye aboot t' time wen me an' oor Jim went ta t' ockshun.

Aald Bob charged 'is pipe, an' that was t' end of annudder of 'is teeals.

Watties hen hull

by
Alan Harker, a Speatri Exile.

Bean a Speatri lad its nobbut reet that mah teal shud be aboot that fairest ov spots and gran fwolk 't lives thear.

A wus born at Blinraiset an livt at Baggra in a laal hoose at brow bottom where't brig used ta be 't carrid t' railway line frae Speatri te Mealsyat an it was this line at caused a lot a bother. Its nut thear noo, it was liftit many a lang ear sen, it nivver hed these diesels or lectric ingins on't but nobbut them owld black steam yans that thou cud see cumman frae miles away huffen and puffen smeuk an steam an sek like. When t' notion took us we wad ratch aboot for a hapeny frae oor mothers and sneuk up and put 't on t' line when train was cummen, there was nobbut yan a day, an efter it hed gone we wad pretend we hed gitten a penny.

Hooivver ahs gitten away frae me teal, farther up t' line, past city ov Harriston an owert crystal waters ov t' Cankey Beck lived a feller cawd Wattie an he hed a hen hull. Noo wattie hed gitten raither a gran collection ov hens in this hull but they wad insist on strayan on till t' railway line an gitten run ower an tha wadn't be varrah much left. As ah've sed this wasn't yan ov yer modern trains but an owld spitten an puffen greet black noisy thing and fwolk wad hev Wattie on aboot his hens bean deaf of blin or mebbe beath.

Wattie was gitten narked wid aw this cos hens was warth a copper or two in them days an railway wasnt interestit in payan any compen: he didnt kna wat te deu fort' best. He was weel kent in Speatri and fwolk, er sum o them, was varrah sympathetic till im an he was gay pleast when yan ov t' local sages suggestit that he went till t' stashin and axed for a time teable seah he cud put 't up in t' hen hull an hens wad knaw when ta bide oot ov t' rwoad. He thowt that was a gran idea an off he went fer his time teable an hed it nailed up in t' hull. Ah'll giv tha three guesses wat happened, thoos reet, hens cudn't read and they kept on gitten run ower.

It was neah use he was gannah hev ta move t' hull.

Noo it wasn't a laal hull in fact it was a great big yan an to git it shifted he was gannah hev ta call on suim ov t' local heavyweights ta gie im a bit ov a hand. Shiftin day duly arrived an Wattie an fower fellers landed doon till t' hull wid aw t' was needed ta deu a gud job. Nut bean as dim as Wattie theh hed prepared t' new site seah aw theh had ta deu was ta pick up t' hull an howk it ower t' where it was ganna be an put it doon agean. Weel t' was a gran day when thah set off but when t' time cum ta shift hull it was teumen doon an things hed gitten slape. Hooivver theh aw gits a cworner apiece and lifts and sets off slippen 'n' sliden aw ower t' spot under t' weight ov this greet hull. Tha mannished to git till t' hulls final restin spot an theh drops her doon varry carfully reet on till t' founds. Then straitened thersels up an were aw ov seam pionion that the'd nivver cum across sek a heavy hen hull afoor and wad hev remarked farther till t' beneficiary of ther labours but neah body knew where he was. At fust theh thowt that theh meun hev put t' hull doon on top ov im seah they lifts it up agean but he was neah where ta be seen. Aw ov a sudden ther was a great shoot frae inside pleaden to be let out an theh aw rushed till t' door to see Wattie liggen amang a great heap ov hens, streah, caff, and ivverything else thou fins in a hen hull.

'Wats ta deun in ther Wattie; theh aw said' Neah wunder it was seah hevvy!

'Weel sumbody hed ta carry t' purches', Wattie.

'Sek wark as nivver was'. Theh aw muttered and went yam.

LANERCOST, 20th JUNE, 1965

Men ha sung praise te God, an' telt Bible teals,
In ivery toak unner te sun;
Hebra, Latin an' Greek; an' it's five hunnert 'ear
Sin' t' furst English Bible begun.

It was writ iv a tongue vara leyke oor aan toak,
Tho' changet a gey bit leater on;
But t' message 'at coomt o' t' wurds was t' seame,
Nea maitter what sheap it mit don.

Noo, sum on us thowt ta sing praise te God
I' t' langwidge oor fore-elders uset;
An' te hear Oor Lord's teals in oor aan heamely tongue
Was a wish 'at cud scarse be refuset!

So we sung te God's praise i' t' Cummerlan' way,
An' we prayed as oor fadders hed done;
An' we lissent te teal hoo aal' Jacob lang sen'
Met wi Joseph, his lang-missin' son.

An' we hearkent te teal o' t' yowe that hed strayed,
An' te shepherd 'at seekt it on t' fell;
An' t' weyfe wid lost penny; an' t' waistrel young lad
Coomin heam til his fadder, as well.

An' we seemt ta be settin' bi Galilee-seyde
Amang fishers an' farmin fwoak,
An' hearin' teals for t' vara furst teyme
Fra Jesus, in His coontry toak.

An' te 'ears fell away betwixt us an' te crood
'At sat bi yon far watter-seyde;
An' we felt that "tho Heeven an' yearth pass away"
His word will foriver abeyde.

                                        CLAUDINE MURRAY

A short GLOSSARY of some CUMBRIAN words.

addle, aydle	to earn
anunder	beneath
bad fettle, badly	poorly, ill
barn, bairn	child
bellasis	bellows for fire
bensallin	very large
biggy sower	(biggish over)-immense
boaks, bawks	beams, timbers
bowderkite	bold, impudent, mischievous person; heavy eater
braffam, braffin	horse collar
brant	steep
brass	money in general
brat	apron
breears	briers
brig	bridge
brussen	replete, bursting
Bwoal	Bothel
cample	argue, talk back
capped	astonished, amazed
car	cart
Carel	Carlisle
cark	tire, grow weary
carl cat	tom-cat, 'the boss cat'
champ	to crush
chiggin	chewing
clagg	to stick
clagger	determined person
clarty	sticky, muddy
clegg	horse-fly
clemmed	hungry or cold
cobbed	odd, comical
copy	stool, esp. milking stool
coggs	snow build-up on clog soles
crammel	to creep or scramble
cuddy	donkey
cundreth	culvert, drain
dar bon	a mild oath
darrick	day's work
dawp	carrion crow
deek	look: cf dekko(Hindi)!
dess	layer, tier
din nor dow	more talk than work
dook	to bathe, dip
dree	irksome, dreary, slow
drinkin(s)	packed meal, ten-o'clocks &c.
ebben anense	over the way, opposite
Esh'tle	Eskdale
etlins, addlins	earnings
ewer	cow's udder; sair e.- mastitis

fashed	troubled, bothered
feddert	feathered
fettle (V)	to mend
fettle (N)	condition
finnd	to feel
firm	form (to sit on)
firtle aboot	fiddle about, waste time
fit	foot
flay	to frighten
fleer	floor
flegmagaries	useless fripperies of dress
foot-trod	footpath
forrit baggish	brazen huzzy (fwd. baggage)
gadgeys	fellows
gaffa	boss
galley-bawk	beam in chimney for crook
gammerstang	tall, awkward person
ganna gah	going to go, from 'gaan at gah', (relic of old infinitive 'at')
gannin-aboot body	travelling person, tramp
gaw bon	a mild oath
gawped	stared
gay (adj)	very, considerable, tolerably
gear	harness, also work tools etc.
geass-gogs	gooseberries
gin-heuse	gin case, aspe-like addition to barnwhere horse drove capstan to provide power for threshing etc.
gliff	glimpse
glishy	said of silver-bright sunrise or sky that threatens bad weather
goisterin'	noisy, loud
gollered	shouted
gowk	the cuckoo, stupid person
gumpshon	sense, commonsense
gyavelick	crowbar
hakes	fun, games, entertainment
hauf-net	type of fishing net on Solway
hankled	hooked round, tangled up
hapsher-rapsher	any old way, all over the place
hask	rough, coarse
heck	hay-rack, also short screen by inglenook in old farmhouse
heames, yams	metal pieces over horse-collar
heart abeun	in high spirits
heeronsues	herons
hen racin	hen racing, ..any rare event
hezzlen on	speeding ahead
hing, snickle	rabbit snare
hingen in t' bell	reapes - said of a couple between Banns being called and wedding
hod	hold.
howerin doon	rushing down steep slope
howk	to dig out, pick out

i' good hod,	in good condition
in a bad hod,	insecure (cf. wrestling)
intack	land 'taken in' from common
jannick	right, fitting, appropriate
jike	scrape, catch, squeak
jinny hoolet	any kind of owl
John Robert	binder-twine
kelderment, kett	rubbish, scrow, carrion
kelt, kelter, kebber,	.. .. ..
kenspect	conspicuous, recognizable
kepp	catch (a ball)
Kersmas	Christmas
kezzle	'Ah'll kezzle it'...sort it out,
	fix it, deal with it
kitlin	kitten
kyeaven, kevvelen	aboot -engaging in horse-play,
	messing around
laal	little
laiked	played
laite	to seek
leet	light
liggen	lying (down)
lish	active
Lirple	Liverpool
lit on	came across, met by chance
lobbilows	flickering flames
looer	money
lowe,	glow, blaze,
lowse	undo, loosen, turn out
mawk	maggot
maffled	baffled
maizled	confused
meat	food in general
med, mun	must
merle away	crumble, disintegrate
menseful	hospitable, generous
Michael	strong string, twine
midden-pant	liquid from middenstead
milk-kit	milk-churn
miredrum	the bittern
moant., murt, munnet	must not
mun	mouth
neaf	clenched fist
neb	beak, nose
ner	than .. 'hetter ner that'
nesh	delicate
nesp (nop)	top & tail gooseberries
nithered	starved with cold
nowt ower	nothing remarkable
nut much kop	not of great value

owered	over, finished
oalas	always
pain	force, pressure
paize	to lever, prise
pill-gills	functions held outdoors
pintel on	fiddle about, kill time
pirn	device to hold animal by nose
pagger	destroy, tire out
pent	confined
pissybeds	dandelions
poak	small sack
rackle	uncontrollable, wild
ratch	search about for, haphazardly
rake	'girt rake o'things'- quantity
reeden	irritable
reek	smoke, smell
rensel	search, rummage about
rive	tear
rive-up	commotion
rowky	misty
rowst 'em	shift them, get them moving
rutly	voracious dog
sabble	(ducks)- nuzzle about in water
sairy	poor, pitiable
sawcum	sawdust
scrow	disorder, untidiness
seapt sark	Sunday shirt - long ago, hen or pig dung was used for washing work clothes; soap, being dear, was saved for the best .
seck	such
seeves	rushes
set someone	walk so far with them on way
shaff !	mild expletive
shakk-rife	(shake-ripe ?) of building, etc, -ready to fall down
side up, away	tidy up
sind	to rinse
sipe away	to soak slowly away
skew, skew-jiff	awry, not straight
skifted	shifted, moved
slempin, slowkin	sneaking, hiding
slocken	quench thirst
sneck	door latch
snirp	to shrivel
snizely	bitterly cold (of weather)
sproag	a walk for pleasure
stag	yearling stallion, also gamecock
stanken	aching, throbbing
steckt	stubborn, obstinate
stoor an' drife	stormy weather, esp blizzard
stoup	stone gatepost
stowed, stawed	tired, fed up, had enough

tack up be t'brist	ascend by breast of the hill
tainch	damage by contact, injure
tell on	talk about
think on	remember
teulment	devilment, mischief
teutle	bird-song, whistle
thrang	busy
thivel	stirring stick for porridge etc.
tight un	neat, well suited to purpose, also said of short sharp hill
traipsed	wandered
trod	track
tue-faw	lean-to building
upshot	outcome: party in barn or loft
urchin	hedgehog
vally	value
vaneer	almost
waffy	shaky, also weak
wark	work
war-day	work-day
war'nt	warrant (?)
wemmle ower	overturn
wick	alive
whicks	couch grass, thornquicks, maggots
willy lilts	the sandpiper
winge	to sob
worchet	orchard
wyattly	quietly
yaks	oaks
yakker	acre
yamm, hyamm	home
yat	gate
yerls, earls	coin, usu. a shilling, given to confirm a bargain, when a farmer hired men for the half year 'term'
yow	ewe
yow neck	bent or stiff neck

INDEX

⁑　⁑　⁑　⁑　⁑　⁑

As the text of this book has all been reproduced from the original by photographic means, we regret that the author's names do not always appear with the pieces, and· that no minor corrections could be made.

I am very grateful indeed to Anne Rennie of the Athenæum Press, Newcastle-upon-Tyne for creating good order out of such chaos ....t' leeyad o' stuff 'at Ah tyak ower theer wes mair like summat oot ev a litter bin ner owt else, but the've jist aboot med a silk peuss oot ev a soo' lug!! .....Well done!

Editor.